세종시사회복지사협회
통합돌봄 실천 사례집

지금,
곁에 있습니다

이 수 지음

이화

작은 마음 하나를
당신께 남깁니다.

지금, 곁에 있습니다.

이수 作 **〈들꽃〉**
Oil on canvas, 27.3 × 40.9 cm

목 차

Part 2. 나를 돌보는 힘

"내 마음을 돌보는 일은 흩어졌던 내가 다시 한곳에 서는 일입니다."

Part 3. 관계의 다음을 이어가는 기술

"돌봄은 끝나지 않습니다. 더 깊어진 마음이 다시 누군가의 곁에 섭니다."

마중글

돌봄은 제도로 시작되지만, 궁극적으로는 사람의 숨결을 지켜내는 일입니다. 법과 정책이 출발선이라면, 진정한 돌봄은 현장에서 꽃피웁니다.

돌봄은 단순한 비용이 아니라, 우리 사회의 책임과 약속을 담은 언어입니다. 묻지 않아도 살피는 손길과 따뜻한 손길이 있을 때, 어르신의 하루는 달라지고 삶의 균형은 지켜집니다.

정책은 때로 숫자와 지표로만 평가되기 쉽습니다. 그러나 그 속에는 이름 없는 누군가의 삶, 그리고 곁을 지키는 한 사람의 마음이 있습니다. 그래서 돌봄은 효율보다 지속을, 성과보다 관계를, 제도보다 사람을 먼저 보아야 합니다.

이 책은 어르신 곁을 지키는 돌봄제공자의 이야기입니다. 그들의 하루는 활동일지에 남지 않는 공기와 마음으로 채워집니다.

저 역시 현장에서 수없이 문을 두드리고, 안부를 묻고, 기다리며 그 곁을 함께 지켜왔습니다.

현장에서 배운 돌봄의 지혜는 언제나 역설적이었습니다. 다가설수록 멈칫해야 했고, 도와주고 싶을수록 한 발 물러나야 했습니다. 그렇게 질문을 배우고, 침묵을 듣는 법을 익혔습니다. 상담을 공부하며 마음을 듣는 기술을 배웠지만, 진정한 위로는 곁에 머무는 일이라는 것을 다시 깨달았습니다.

때로는 짧은 기록 한 줄이 어르신의 삶을 지탱했고, 한 번의 직감이 생명을 붙잡기도 했습니다. 그 모든 순간이 제게 물었습니다.

"나는 지금, 잘하고 있는가."

그 질문에 답을 찾아가는 과정에서 저는 알게 되었습니다. 돌봄은 눈에 보이는 행위가 아니라, 책임과 관계, 신뢰를 담아 전해지는 무형의 언어라는 것을요.

이 책은 그 언어로 쓰인 사례집입니다. 현장에서 만난 어르신들과 그 곁을 지킨 돌봄제공자들, 그리고 하루하루가 남긴 작은 지혜들이 담겨 있습니다. 이 사례들은 제도가 지향하는 가치를 현장의 목소리로 들려주며, 통합돌봄이 꿈꾸는 따뜻한 공동체의 모습을 보여줍니다.

지금, 그 곁에 있는 당신의 하루에 이 책이 조용한 온기와 실천적 지혜로 머물기를 바랍니다. 그리고 이 기록이 앞으로의 통합돌봄 여정에 작은 보탬이 되기를 바랍니다.

2025년 겨울

이 수

발간사

돌봄은 정부의 정책 안에서 싹트지만, 그 뿌리를 내리는 곳은 언제나 현장입니다. 이번에 세종시사회복지사협회에서 발간하는 『통합돌봄 실천 사례집』은 앞으로의 실천 현장에서 길잡이가 될 소중한 지침서가 될 것입니다.

우리 사회는 이제 초고령사회의 문턱에 서 있습니다. 급격한 인구구조 변화와 공동체 약화는 돌봄의 공백을 더욱 크게 만들고 있습니다. 돌봄은 더 이상 미룰 수 없는 시대적 과제이며, 주민 누구나 자신의 삶의 자리에서 존엄을 지켜낼 수 있도록 하는 새로운 사회적 계약이자 권리의 문제입니다.

국가 차원에서 「의료·요양 등 지역 돌봄의 통합지원에 관한 법률」을 비롯한 다양한 제도적 장치가 마련되고 있으나, 실제 마을과 이웃의 삶 속에서 구체적인 실천과 사례를 축적하고 공유하는 일은 여전히 부족했습니다. 이번 사례집은 그 공백을 메우며, 세종시 돌봄 정책의 선도적 지평을 여는 중요한 발걸음이 될 것입니다.

이번 『통합돌봄 실천 사례집』은 「관계를 짓는 기술」, 「나를 돌보는 힘」, 「관계의 다음을 이어가는 기술」이라는 세 가지 주제를 담고 있습니다. 이는 돌봄이 단순히 제공되는 서비스가 아니라, 제도와 행정의 경계를 넘어 서로의 관계 속에서 완성되는 과정임을 보여줍니다. 특히 상담 전문가이자 돌봄 제공자로서 현장에서 직접 경험한 다양한 이야기를 생생히 담아내어, 정책이 놓치기 쉬운 현장의 온기와 지혜를 전하고자 하였습니다. 단순한 기록을 넘어 돌봄의 본질을 되새기고 제도적 성찰을 이끌어내는 이정표가 되리라 믿습니다.

존경하는 돌봄 제공자 여러분, 여러분의 헌신과 노고는 수치나 지표로 환산할 수 없는 값진 가치이며, 어르신들의 삶을 든든히 지탱하는 힘입니다. 열악한 환경과 부족한 자원 속에서도 어르신과 소통하며 따뜻한 돌봄을 실천하는 여러분 덕분에, 우리 지역의 돌봄은 한 걸음씩 더 나아가고 있습니다.

저는 이러한 노력이 이어질 때, 세종시가 노년에 머물기 좋은 도시, 병원이나 자녀가 있는 낯선 곳으로 떠나지 않아도 되는 도시, 몸이 아파도 안심하고 머물 수 있는 도시로 거듭나리라 확신합니다. 이번 사례집은 바로 그러한 미래를 준비하는 작은 씨앗이자, 세종형 돌봄공동체로 나아가는 실천의 출발점이 될 것입니다.

정책은 문서에 머물러서는 그 역할을 다할 수 없습니다. 주민의 일상 속에서 살아 움직일 때 비로소 가치를 가집니다. 이번 사례집이 정책과 현장, 그리고 주민을 이어주는 선순환 구조의 초석이 되어, 세종시 통합돌봄이 더욱 단단히 뿌리내리기를 기대합니다. 또한 이를 통해 축적된 경험과 철학이 타 지역에도 널리 확산되기를 소망합니다.

앞으로도 세종시사회복지사협회는 "돌봄은 곧 삶의 권리"라는 철학을 바탕으로, 시민 한 분 한 분이 존엄을 지켜낼 수 있는 돌봄 체계를 마련하고 확산하는 데 최선을 다하겠습니다. 이번 사례집이 그 비전을 실현하는 든든한 발판이 되기를 바랍니다.

세종특별자치시사회복지사협회장 **김 부 유**

추천의 글 1

죽음의 질은 인생의 마지막 삶의 질입니다. 그리고 그 삶의 질은 노년기 돌봄의 깊이와 방향에 따라 결정됩니다. 노인의 마지막 삶을 어떻게 함께할 것인가 하는 질문은, 단순히 복지의 영역을 넘어 인간 존재의 존엄을 지키는 사회적 책임이자 윤리적 과제입니다.

우리 사회는 지금 초고령화라는 거대한 전환점을 지나고 있으며, 특히 한국은 세계에서 가장 빠른 속도로 고령화가 진행되고 있는 나라 중 하나입니다. 그에 따라 노인 요양돌봄의 수요는 급증하고 있지만, 제도적 기반과 지역사회 내 돌봄 자원의 불균형은 여전히 큰 과제로 남아 있습니다.

돌봄은 더 이상 선택이 아닌, 모두의 삶을 지탱하는 필수적 기반이 되었으며, 특히 노인의 삶은 단순한 생존을 넘어 존엄과 관계, 그리고 지역사회 안에서의 소속감을 통해 비로소 온전해질 수 있습니다.

이러한 맥락에서 세종시사회복지사협회가 발간한 『통합돌봄 실천 사례집』은 단순한 기록을 넘어, 돌봄의 본질을 되묻고, 제도와 현장을 잇는 다리 역할을 해줄 귀한 자산이라 생각합니다. 이 책은 「관계를 짓는 기술」, 「나를 돌보는 힘」, 「관계의 다음을 이어가는 기술」이라는 세 가지 주제를 통해 돌봄을 단순한 서비스가 아닌 '삶의 방식'으로 바라보게 합니다. 돌봄은 누군가에게 '해주는 일'이 아니라, 서로의 존재를 존중하며 함께 살아가는 과정임을 일깨워줍니다.

무엇보다 이 책이 특별한 이유는 저자 이수 선생님이 단순한 연구자나 행정 담당자가 아니라, 돌봄제공자로서 어르신의 곁을 지키며 돌봄의 하루하루를 살아낸 실천가라는 점입니다. 그는 현장의 사람으로서 제도와 사람 사이의 틈을 가장 가까이에서 체감했고, 그 틈을 메우기 위한 손길과 마음을 글로 엮어냈습니다.

그렇기에 그의 문장은 정책 보고서가 아닌, 삶의 기록이자 공감의 언어로 읽힙니다. 돌봄의 현장에서 흘린 땀과 눈물이 문장 곳곳에 배어 있어, 독자는 단순한 사례를 넘어 한 사람의 삶을 함께 들여다보는 경험을 하게 됩니다.

이 책이 세종시뿐 아니라 전국의 돌봄 실천가들에게 따뜻한 길잡이가 되리라 믿습니다. 돌봄은 숫자나 지표로 환산될 수 없는, 사람의 이야기로 완성되는 일입니다. 그리고 그 이야기를 나누는 일은, 우리가 어떤 사회를 꿈꾸는지에 대한 가장 진솔한 답이기도 합니다.

『통합돌봄 실천 사례집』이 '돌봄이 가능한 고향'이라는 희망을 현실로 만들어가는 첫걸음이 되기를, 그리고 그 걸음 걸음이 더 많은 지역과 사람들에게 닿아 새로운 돌봄의 물결로 확산되기를 진심으로 응원합니다.

전 한국교통대학교 사회복지학 교수

현 마음이음치유센터장 **한 규 량**

추천의 글 2

초고령사회가 된 오늘날 케어는 더 이상 제도적 문제에 머무르지 않고 인간의 존엄을 지지하는 문명적 과제가 되고 있습니다. 일본이 지난 수십 년간 지역포괄케어 시스템을 구축해온 경험을 되돌아보면, 진정한 케어의 출발점`은 언제나 '현장'에 있었습니다. 그 현장의 목소리와 온기를 정성스럽게 담아낸 책이 바로 이번에 세종시사회복지사협회의 지원으로 발간된 『통합돌봄 실천 사례집』입니다.

이 책이 특별한 이유는 분명합니다. 저자 이수 선생님은 단순한 연구자나 행정 담당자가 아니라, 돌봄제공자로서 노인 곁에서 일상적인 케어를 실천해온 분입니다. 제도와 사람 사이의 틈을 현장의 일원으로서 가장 가까이에서 느끼고, 그 틈을 메우기 위한 손과 마음을 글에 담아냈습니다. 그렇기에 그의 글은 정책 보고서가 아니라 '삶의 기록'이며 '공감의 언어'로 읽히는 것입니다.

책에 담긴 「관계를 구축하는 기술」, 「자신을 케어하는 힘」, 「관계의 다음을 잇는 기술」이라는 세 가지 주제는 케어의 본질을 깊이 있게 그려내고 있습니다. 케어란 제도적 행위가 아니라 '관계의 기술'이며, 타인을 케어하는 것은 곧 자신을 케어하는 일이기도 하다는 점을 저자는 현장의 체온을 통해 증명해주고 있습니다. 수많은 통계나 행정 용어로는 포착할 수 없는 '사람과 사람 사이의 삶의 흐름'을 이토록 진심을 담아 기록한 사례집은 매우 드문 것입니다.

이수 선생님의 글에는 케어를 직업이 아닌 사명으로 받아들이는 한 사람의 신념과 따뜻한 철학이 배어 있습니다. 땀과 눈물로 쌓아온 일상의 기록이 이제

하나의 케어 문화로 싹트고 있습니다. 저는 그의 자세 속에서 일본의 지역포괄케어 선구자들이 강조해온 '지역사회 삶 속에서의 케어 정신'을 다시금 발견했습니다. 그것은 제도 이전의 인간적인 케어, 즉 '함께 살아가는 힘'입니다.

세종시사회복지사협회가 이러한 현장의 목소리를 제도와 정책의 언어로 번역하려는 시도는, 한국형 지역포괄케어가 성숙해가는 과정에서 매우 뜻깊은 첫걸음입니다. 이 책은 세종시가 '케어가 가능한 도시', 그리고 '계속 살고 싶은 고향'으로 거듭나는 기반이 될 것입니다.

저는 이 책이 한국의 통합케어 실천 현장에서 널리 읽히고, 더 많은 돌봄제공자와 현장 종사자들에게 용기와 영감을 주기를 바랍니다. 그리고 이수 선생님이 앞으로도 현장에서 길어 올린 따뜻한 지혜와 실천의 언어를 통해 케어의 철학을 더 넓은 세계로 나누어주시기를 진심으로 응원합니다.

전)서큐슈대학 간호학과 교수 역임
현)도코도코국제복지문화교류협회 대표
현) 도코도코데이케어, 사회복귀시설 대표
토코지마 마사시

추천의 글 2 – 일어 원문

超高齢社会へと向かう今日、ケアはもはや制度の問題にとどまらず、人間の尊厳を支える文明的課題となっています。日本が地域包括ケアシステムを構築してきた過去数十年の経験を振り返ると、真のケアの出発点は常に「現場」にありました。その現場の声と温もりを丁寧にすくい上げた書籍こそが、今回世宗市社会福祉士協会の支援により発刊された『統合ケア事例集』です。

この書籍が特別である理由は明確です。著者のイ・ス先生は、単なる研究者や行政担当者ではなく、生活支援員として高齢者のそばで日々のケアを実践してきた方です。制度と人との間にある隙間を、現場の一人として最も近くで感じ取り、その隙間を埋めるための手と心を文章に込めました。だからこそ、彼の文は政策報告書ではなく、「人生の記録」であり「共感の言葉」として読まれるのです。

本書に収められた「関係を築く技術」「自分をケアする力」「関係の次をつなぐ技術」という三つのテーマは、ケアの本質を深く描き出しています。ケアとは制度の行為ではなく「関係の技術」であり、他者をケアすることはすなわち自分自身をケアすることでもある——そのことを、著者は現場の体温を通じて証明してくれています。数多くの統計や行政用語では捉えきれない「人と人との間の営み」を、これほどまでに真心を込めて記録した事例集は稀有なものです。

イ・ス先生の文章には、ケアを職業ではなく使命として受け止める一人の信念と温かな哲学が滲んでいます。汗と涙で積み重ねた日々の記録が、今や一つのケア文化として芽吹いています。私は彼の姿勢の中に、日本の地域包括ケアの先駆者たちが強調してきた「地域社会の暮らしの中でのケアの精神」を改めて見出しました。それは制度以前の人間的なケア、すなわち「共に生きる力」です。

世宗市社会福祉士協会がこのような現場の声を制度と政策の言葉へと翻訳しようとする試みは、韓国型地域包括ケアが成熟していく過程において、非常に意義深い一歩です。本書は、世宗市が「ケアが可能な都市」、そして「住み続けたい故郷」として生まれ変わるための基盤となることでしょう。

私はこの書籍が韓国の統合ケアの実践現場に広く読まれ、より多くの生活支援員や現場の従事者に勇気とインスピレーションを与えることを願っています。そして、イ・ス先生がこれからも現場から汲み取った温かな知恵と実践の言葉を通じて、ケアの哲学をより広い世界へと分かち合ってくださることを、心より応援いたします。

床島正志

Part 1.
관계를 짓는 기술

곁을 내어주는 일은
열린 마음에서
온기로 시작됩니다.

돌봄은 큰 희생에서 시작되지 않습니다.
조용히 건네는 인사, 잠시 머무는 눈빛, 그 작은 파동 속에서 관계는 열립니다.

한 사람의 마음에 다가서는 일,
그 시작은 언제나 내 안의 목소리를 먼저 듣는 순간에서 비롯됩니다.

스스로에게 말을 거는 시간

누군가의 하루 곁에 조용히 머무는 사람. 그게 바로 돌봄제공자입니다.

“밥은 드셨어요?”, “잠은 잘 주무셨어요?” 같은 짧은 인사 속에는 조심스레 다가서는 마음과, 그 하루를 놓치지 않으려는 눈빛이 담겨 있습니다.

정해진 시간에 방문하고, 말벗이 되어주고, 조용히 생활을 살피는 것. 그 일상적인 태도만으로도 어르신은 안정을 느끼십니다. 그 단순함이야말로 깊은 의미가 됩니다.

그러던 어느 순간, 익숙한 말투 속에서 낯선 표정을 발견할 때가 있습니다. 그때 나는 무엇보다 먼저 나의 마음을 살펴봅니다. 내 안을 들여다보는 이 감각이 위기를 감지하고, 흔들린 신뢰를 다시 잇는 힘이 됩니다.

돌봄은 거창한 희생이 아닙니다. 말과 행동이 맞닿은 조용한 관심, 작지만 꾸준한 태도에서 시작됩니다. 그리고 그 모든 시작은 바로 여기, 지금 이 순간부터입니다. 그 시작을 만들어온 순간들, 지금부터 함께 나누려 합니다.

사례 1. 말 없는 부탁을 읽다
글보다 마음을 먼저 보여주신 어르신과의 동행

○○○ 어르신은 80대 중반의 여성으로, 처음 뵈었을 때의 인상은 정갈했다. 단정한 옷차림과 나긋나긋한 말투에서 전해지는 품위가 오래도록 마음에 남았다.

첫 만남의 평온함은 그 뒤로도 이어졌지만, 몇 번의 방문을 거치며 어르신의 반응에서 조금 다른 점이 보였다. 복지서비스 안내문이나 각종 서류를 건넬 때면, 어르신의 시선은 글자 위에 오래 머물지 못하고 살짝 빗겨 내려가곤 했다. 서류를 받아 들기는 하셨지만, 내용을 읽기보다는 반듯하게 접어 옆에 두며 짧게 웃으시는 모습이 반복되었다.

"됐어요."

표정은 단호했지만, 주름진 손끝은 여전히 종이 가장자리를 천천히 쓸어내리고 있었다. 그 한마디는 더 묻지 말라는 경계처럼 들렸지만, 그 안에는 말하지 못한 마음이 조용히 숨어 있었다.

사실 나는 이전 기록을 통해 어르신이 문해(文解)에 어려움이 있다는 것을 알고 있었다. 그래서 안내문을 설명할 때는 서두르지 않았고, 어르신이 바로 대답하지 않으셔도 기다렸다. 어르신의 속도에 맞춰 함께 머물러 드리는 것—그것이 내가 지키고 싶었던 태도였다.

얼마 뒤, 주소를 직접 적어야 하는 서류가 있었다. 어르신은 펜을 든 채 한동안 종이를 바라보셨다. 손끝으로 종이를 가만히 매만지며 잠깐 웃으셨지만, 그 웃음에는 평소보다 망설임이 배어 있었다.

"이런 건 그냥… 됐어요."

말은 단호했지만, 그 순간 어르신의 표정에는 작은 아쉬움이 잠깐 스쳐 지나갔다. 나는 서두르지 않고 잠시 기다렸다. 자존감을 건드리지 않으면서 도움을 드릴 수 있는 방식을 찾고 싶었다.

"어르신, 요즘 서류 글씨가 너무 작더라고요. 혹시 제가 옆에서 같이 확인해 드릴까요?"

내 목소리는 평소보다 더 낮아졌다. 어르신이 스스로 도움을 선택했다고 느끼실 수 있도록, 말투에 힘이 들어가지 않도록 조심했다. 어르신은 짧게 숨을 고르시고는 서류를 내밀며 말씀하셨다.

"주소 좀… 써 주시겠어요?"

나는 주소를 여쭈어 한 글자 한 글자 또박또박 적어 내려갔다. 그동안 어르신은 조용히 내 손끝을 바라보셨다. 작성이 끝나자 어르신은 작은 목소리로 말씀하셨다.

"고마워요… 이건 혼자 하기가 좀 어려웠어요."

짧은 말이었지만, 스스로의 품위를 지키면서도 도움을 받아 한결 편안해진 마음이 고스란히 담겨 있었다.

며칠 뒤 다시 뵈었을 때, 어르신이 먼저 말을 꺼내셨다.

"지난번에 도와줘서 정말 고마웠어요."

그 말은 의례적인 인사가 아니라, 조심스럽던 마음이 조금씩 열린 작은 신뢰의 표현으로 느껴졌다.

그날 이후에도 어르신은 문해의 어려움을 직접 언급하지는 않으셨지만, 서류나 우편물이 있을 때면 예전의 망설임 대신 한결 편안하게 도움을 청하셨다. 그 모습은 불편함을 숨기려는 태도가 아니라, 어르신만의 속도로 마음을 여는 방식처럼 느껴졌다.

돌봄의 감각

이 사례는 정보보다 관계를 먼저 바라보는 돌봄의 감각을 보여줍니다. 돌봄 제공자는 어르신의 문해 어려움을 알고 있었지만, 이를 바로 언급하기보다 자존감을 지켜드리는 선택을 우선했습니다.

'대신 해주는 돌봄'이 아니라 '함께 살피는 동행'이라는 태도는 어르신에게 '도움받는 불편함'이 아닌 '신뢰 안에서의 편안함'으로 이어졌습니다.

섬세한 관찰, 부드러운 속도 조절, 그리고 기다림은 관계를 잇는 돌봄의 가장 본질적인 힘입니다.

포인트 박스

· 알고 있어도 말하지 않는 선택이 더 큰 존중이 될 때가 있습니다.
· 돌봄제공자의 언어는 정보가 아니라, 마음의 온도를 담아 전해집니다.

마음에 남은 한 줄

"말보다 조용한 눈빛에서, 도움이 필요한 마음이 먼저 도착했습니다."

돌봄현장 실전 팁

"글을 읽지 못하는 어르신, 어떻게 배려할까요?"

1. 먼저 언급하지 않고 기다리기

• 이유: 직접 언급하면 어르신이 위축되거나 자존감이 상할 수 있습니다.
• 방법: 불편함이 스스로 드러나는 순간까지 자연스럽게 기다립니다.

2. 조심스럽고 부드러운 제안 사용하기

• 이유: 도움의 의도가 부담 없이 전달되어야 합니다.
• 방법: "제가 같이 확인해 드릴까요?" 같은 동행형 표현을 사용합니다.

3. 말보다 비언어적 신호 읽기

• 이유: 시선, 손끝, 짧은 침묵 속에 도움이 필요하다는 신호가 먼저 나타납니다.

· 방법: 서류 앞에서 오래 머무는 시선이나 손끝의 움직임을 신호로 받아들입니다.

4. 자존감을 지켜주는 거리 유지하기

· 이유: 도움을 받더라도 주도권이 어르신에게 있다는 느낌이 중요합니다.
· 방법: "읽어드릴게요"보다 "같이 보면 어떨까요?"처럼 선택권을 담은 표현을 사용합니다.

5. 도움 이후 감정을 정리할 시간 주기

· 이유: 도움을 받은 뒤 감정이 바로 정리되지 않을 수 있습니다.
· 방법: 잠시 여유를 두어 어르신이 스스로 감정을 표현할 수 있도록 합니다.

주의할 점

· 어르신의 문해 수준이나 개인정보는 다른 사람 앞에서 절대 언급하지 않습니다.
· 어르신의 동의를 얻은 뒤에만 필요한 내용을 함께 확인하거나 기록합니다.
· 안내와 질문은 서두르지 않고, 어르신의 표정을 살피며 천천히 진행합니다.
· 어르신이 거부 의사를 보이시면 즉시 개입을 멈추고 뜻을 존중합니다.

사례 2. 말보다 먼저 다가온 마음

병원 가기 싫은 마음까지 함께 살핀 날

73세 ○○○ 어르신은 언제나 짧게 웃으며 "괜찮아, 별일 아니야."라고 말씀하셨다. 그 말은 습관처럼 가볍게 흘렀지만, 그 안에는 조심스러운 성품과 타인에게 부담을 주지 않으려는 마음이 숨어 있었다. 병원 이야기가 나올 때마다 어르신은 마치 문을 닫듯 손사래를 치며 "난 괜찮아."라고 말씀하셨다.

그날도 어르신은 평소처럼 담담히 나를 맞아주셨다. 그러나 발걸음은 예전 같지 않았다. 계단을 오르실 때마다 발끝이 바닥을 스치듯 끌렸고, 자리에 앉으실 때는 허리가 자꾸 무너져 내렸다. "괜찮다."는 말은 여전했으나, 그 끝자락에는 힘없는 기운이 묻어 있었다. 나는 성급히 단정하지 않고, 어르신의 말 너머로 스치는 작은 변화에 더 마음을 기울였다.

"어르신, 이번에는 저와 함께 병원 다녀오실까요? 걸음이 조금 불편해 보이셔서요."

어르신은 잠시 시선을 피하시더니, 낮은 목소리로 말을 이으셨다.

"에이, 됐어… 괜찮아. 나이 들어 뭘 하러 가. 약 먹어도 뭐 달라질 게 있나."

나는 서두르지 않고 기다렸다. 한참 뒤, 조심스럽게 다시 말을 보탰다.

"계단 오르실 때 힘들어 보이셨어요. 제가 좀 걱정돼서요. 잠깐만 다녀오시면 마음이 더 놓일 것 같아요."

그제야 어르신은 작게 고개를 끄덕이셨다. 그날은 일정을 조정해 어르신을 병원에 모시고 갔다.

검진 결과 염증과 근육 경직으로 인한 통증이 확인되었다. 약 처방과 주사 치료가 바로 이루어졌고, 의사는 "며칠만 더 늦었어도 통원 치료가 어려웠을 수 있다"고 설명했다.

돌아오는 길, 어르신이 조용히 말씀하셨다.

"휴… 병원 가기 싫었는데, 와보니 참 잘했네."

그제야 마음이 놓였다. 말로 다 하지 않아도 내 말을 믿어 주셨다는 것이 어르신의 표정을 통해 고스란히 전해졌다. 그날 이후, 어르신은 병원에 갈 일이 생기면 예전처럼 "됐다." 하지 않으셨다. 대신 조용히 말씀하셨다.

"이번에… 같이 좀 가줄 수 있을까?"

그 한마디는 단순한 부탁이 아니었다. 오래 감춰 두었던 마음이 조용히 문을 열고 나온 순간이었다. 그 눈빛에는 더 이상 조심스러운 망설임이 없었다. 대신 믿음과 편안함이 잔잔히 번져 있었다.

돌봄의 감각

"괜찮다"는 말을 반복하셨지만, 몸이 먼저 다른 이야기를 들려주고 있었습니다. 약해진 말끝과 달라진 걸음, 구부러진 어깨에는 말로 건네지 못한 도움의 신호가 담겨 있었습니다.

선부른 판단 대신, 부드러운 제안을 건넨 기다림이 어르신에게는 '마음이 먼저 전해지는 순간'이 되었습니다.

그날의 동행은 단순한 병원 방문이 아니라, 몸보다 마음을 먼저 돌보는 신뢰의 시작이었습니다.

포인트 박스

· 변화는 말보다 몸짓과 표정에서 먼저 드러날 때가 있습니다.
· 부드러운 제안은 거부감을 줄이고 신뢰로 이어지는 다리가 됩니다.

마음에 남은 한 줄

"말보다 먼저 다가온 마음이, 병원 가는 발걸음을 바꾸었습니다."

돌봄현장 실전 팁

"병원 가기 싫어하는 어르신, 어떻게 설득할까요?"

1. 말보다 몸과 표정을 먼저 관찰하기

- 이유: 건강 이상은 말보다 몸과 표정에서 먼저 드러날 때가 많습니다. 놓치면 치료 시기를 잃을 수 있습니다.
- 방법: 걷는 속도, 앉는 자세, 숨소리, 표정 변화를 살펴 기록하고, 변화가 감지되면 안부 인사 속에서 자연스럽게 상태를 확인합니다.

2. 섣불리 단정하지 않기

- 이유: 단정적인 말은 어르신을 방어적으로 만들 수 있습니다.
- 방법: "아프신 거 아니에요?" 대신 "오늘은 조금 힘들어 보이세요."처럼 열린 질문을 사용합니다.

3. 부드럽게 제안하고 결정은 기다리기

- 이유: 부드러운 제안은 거부감을 줄이고, 스스로 결정했다는 인식은 이후에도 도움 요청을 쉽게 만듭니다.
- 방법: "이번엔 제가 같이 병원 가드릴까요?"처럼 선택권이 느껴지는 표현을 사용하고, 즉시 답을 재촉하지 않고 생각할 시간을 드립니다.

4. 긍정 경험을 강화하기

- 이유: 좋은 경험은 이후에도 긍정적인 선택을 하게 만듭니다.
- 방법: 병원 다녀온 뒤 "오길 잘했다."는 말을 함께 되새기며 다음 방문을 부담없이 느낄 수 있도록 합니다

주의할 점

- 어르신의 건강상태는 개인정보로 존중하며, 다른 사람 앞에서는 언급하지 않습니다.
- 설득할 때는 어르신이 편안함을 느낄 수 있도록 몸의 거리를 자연스럽게 유지하고, 불필요한 손짓이나 접촉은 삼갑니다.
- 건강 문제에 대해 가족이나 이웃과 상의할 때는 반드시 어르신 동의를 먼저 구합니다.

사례 3. 기억보다 관계를 지켜내는 일

낯선 순간에도 다시 건넨 손

○○○ 어르신은 75세의 유쾌한 분이었다. 초인종을 누르기도 전에 문이 열릴 때가 많았고, "어머, 벌써 왔어요?" 하며 환한 미소로 맞아주셨다.

"오늘은 비 안 맞았지요?"
"계단이 미끄러우니 조심하세요."

먼저 안부를 물으시곤 했고, 이전 방문 때 나눴던 이야기까지 생생히 기억하고 계셨던 분이었다.

그런데 그날은 달랐다. 평소처럼 초인종을 눌렀을 때 문은 열렸지만, 반가운 목소리가 들리지 않았다. 문틈 너머 어르신은 말없이 나를 바라보고 계셨다. 그 시선에는 평소의 따뜻함 대신 조심스러운 경계가 서려 있었다.

"어르신, 안녕하세요."

내가 먼저 인사를 건넸지만, 어르신은 여전히 나를 응시할 뿐이었다. 마치 내가 누구인지 확인하려는 듯한 표정이었다. 몇 초가 흐른 뒤에야 입을 여셨다.

"내가… 누구를 기다렸던 거더라…."

순간 가슴이 철렁했지만, 놀란 기색을 감추고 목소리를 더 부드럽게 가다듬었다.

"○○○ 어르신, 지난주에도 뵈었잖아요. 그때 어르신이 직접 끓여주신 차가 정말 맛있었어요."

지난 방문의 구체적인 장면을 떠올리실 수 있도록 조심스럽게 말을 건넸다. 어르신은 잠시 먼 곳을 바라보다가 천천히 고개를 끄덕이셨다.

"아… 맞네, 맞아. 깜빡했네. 요즘 자꾸 이런다니까. 미안해요."

흐릿했던 눈빛이 점차 맑아지며 익숙한 온기가 되돌아왔다. 나는 조심스럽게 어르신을 안으로 모시며 말했다.

"괜찮아요, 어르신. 누구나 그런 날이 있잖아요."

그날 어르신은 평소보다 말수가 적었다. 창밖을 오래 바라보시거나 손끝을 만지작거리시다가, "아까 뭐라고 했지?" 하고 다시 물으실 때도 있었다.

방문을 마칠 무렵, 어르신은 현관까지 따라 나오시며 내 손을 살짝 잡으셨다.

"아까 순간적으로 헷갈렸어. 그런데 당황하지 않고 차분하게 말해줘서 정말 고마워요. 덕분에 금세 기억이 났이."

그 따뜻한 손길에서, 오늘의 낯선 순간이 오히려 우리 사이의 신뢰를 더 깊게 만들었다는 것을 느꼈다. 기억이 흐려지는 순간에도 차분히 기다려 드리고, 천천히 기억을 되찾으실 수 있도록 곁에 머무는 것— 그것이 돌봄이라는 사실을 다시 깨달았다.

"어르신, 다음 주에 또 뵐게요. 그때까지 건강하세요."
"그래, 조심히 들어가고."

어르신의 목소리에는 다시 평소의 온기가 담겨 있었다. 그날, 기억보다 관계가 더 중요하다는 사실을 다시 알게 되었다. 낯선 순간에도 변함없이 손을 내미는 일— 그것이 진정한 돌봄이다.

돌봄의 감각

"내가 누구였더라."라는 질문 뒤에서, 돌봄제공자는 기억의 공백이 아니라 순간의 불안을 읽어냈습니다. 당황하지 않고 안정된 목소리로 건넨 기다림은 어르신을 다시 현재로 이끄는 '관계의 닻'이 되었습니다.

돌봄의 연속성은 서로 기억하는 데서 오는 것이 아닙니다. 내가 그분을 기억하고 있음을 보여줄 때, 비로소 신뢰가 이어집니다.

포인트 박스

· 기억보다 중요한 것은 '관계의 끈'을 놓지 않는 태도입니다.

마음에 남은 한 줄

"어르신이 나를 잊어도, 나는 어르신과의 관계를 기억하고 지켜나갑니다."

돌봄현장 실전 팁

"어르신이 나를 기억하지 못할 때, 무엇을 먼저 살펴야 할까요?"

1. 혼란을 부정하거나 바로잡기보다 안정감 주기

- 이유: 기억이 잠시 흐릿해진 상황에서 가장 먼저 필요한 건 사실 확인이 아니라 불안을 완화하는 안정감입니다.
- 방법: "아니에요, 기억하시잖아요." 대신 "괜찮아요, 누구나 그럴 수 있어요." 처럼 부담 없는 말을 건넵니다.

2. 이름과 방문 목적을 명확하고 천천히 소개하기

- 이유: 현재 시점에 맞춘 단순한 정보는 기억을 붙잡는 데 도움을 줍니다.
- 방법: 직함보다는 이름과 방문 목적을 짧게 밝힙니다.
  예) "○○○입니다. 오늘 ○○○ 어르신을 뵈러 왔어요."
  예) "지난주에 차 같이 마셨던 ○○○예요."

3. 표정과 목소리 톤을 부드럽게 유지하기

- 이유: 기억이 흐릿해진 순간, 어르신은 말보다 표정과 목소리 톤 같은 비언어

적 신호에서 더 많은 안정감을 얻습니다.

- 방법: 미소를 유지하고, 속도를 늦춰 또박또박 말합니다.

4. 방문 후 관찰 내용을 기록하고 알리기

- 이유: 기억이 흐릿해지는 일이 잦아지면 건강이나 환경 변화와 연결될 수 있어 조기 대응이 필요합니다.
- 방법: 그런 반응이 있었던 날짜·상황·대응을 기록하고 전담복지사와 공유합니다.

주의할 점

- 여러 번 확인을 요구하지 않고, 어르신이 편안함을 느낄 수 있도록 대화를 이어갑니다.
- 어르신이 같은 질문을 여러 번 하셔도, 짜증이나 피로감을 드러내지 않습니다.
- 이와 같은 상황에 대해 가족이나 주변인과 상의할 때는 반드시 어르신의 동의를 먼저 구합니다.

1장 마무리

돌봄은 일상의 작은 틈에서 자라납니다.작은 눈짓 하나, 건네는 인사 한마디에서 조용히 시작됩니다. 오늘의 내 마음은 어르신의 하루를 바꾸고, 그 하루들이 쌓여 깊은 관계의 결을 이룹니다.

낯선 표정을 알아차리고, 말 없는 부탁을 놓치지 않는 순간마다 돌봄은 조금씩 깊어집니다. 돌봄은 특별한 능력이 아닌, 마음을 기울이는 일상의 습관입니다. 그 습관이 이어질 때, 어르신의 마음에는 잔잔한 평안이 자리하고 나는 다시 나를 단단히 세웁니다.

거창하지 않아도 괜찮습니다. 작은 물음, 짧은 인사. 그 소박한 파동이 서로의 마음에 닿을 때 비로소 신뢰와 편안함의 결이 만들어집니다.

조용히 나에게 말을 거는 순간, 돌봄의 길은 이미 열려 있습니다.

관계의 시작, 진심을 담은 언어의 선택

돌봄제공자의 하루는 질문으로 시작됩니다. 짧은 인사, 작은 물음 하나에도 그 사람의 리듬과 마음을 따라가려는 태도가 담깁니다.

때로는 무엇을 묻느냐보다 어떻게 묻느냐가 더 중요합니다. 익숙한 말이라도, 그 말이 향하는 곳에 따라 돌봄의 온도는 달라집니다. 묻지 않는 것이 더 큰 존중이 될 때가 있고, 기다려서 건넨 한마디가 마음을 여는 순간도 있습니다.

질문은 정보를 확인하는 절차가 아니라, 마음을 두드리는 기술입니다. 우리의 언어는 시작부터 사람을 향해야 합니다. 그렇게 건넨 다정한 한마디는 누군가의 하루를 조용히 지켜주는 손길이 됩니다.

사례 1. 닫힌 마음에 닿기까지, 조심스레 건넨 질문
일방적인 도움 대신, 선택권을 남기는 제안

어르신을 처음 만난 날부터 마음의 벽이 느껴졌다. 인사를 건네면 고개만 작게 끄덕이셨고, 도움을 드리려 다가가면 "됐어요." "혼자 해요."라는 짧고 단호한 대답이 돌아왔다.

현관문을 열고도 등을 보인 채 성큼 들어가시거나, 건강 상태를 여쭤보면 "다 괜찮아요."라며 대화를 금세 마무리하시는 날이 많았다. 어르신의 주위는 언제나 굳건한 성벽으로 둘러싸인 듯했다.

그런데 언젠가부터 내가 방문하는 날, 현관 앞에서 말없이 기다리고 계시기도 했다. 방문을 마치고 "다음에 뵙겠습니다."라고 인사하면, 등을 돌린 채 작게 "고마워요."라고 말씀하실 때도 있었다. 그 조용한 태도 속에도 전하려는 마음이 있었다. 나는 그것을 조금씩 알아가고 있었다.

그래서 그분의 리듬을 깨지 않으려 했다. 필요할 때만 말을 건네고, 침묵도 존중했다. 그러면서도 주위를 세심히 살폈다. 가스레인지에 붙은 포스트잇이나 식탁 위 설명서를 보며 "이건 처음 보네요…" 하고 조심스레 대화를 열기도 했다.

그렇게 마음을 열 작은 틈을 찾으려 했다. 그날도 어르신은 평소처럼 조용히 문을 열어주셨지만, 어딘가 망설이는 기색이 보였다. 어색한 침묵 끝에, 어르신이 뜸을 들이며 입을 열었다.

"이게… 잘 안 돼요. 불이 안 들어오네."

시선은 주방의 가스레인지를 향해 있었다. 불이 켜지지 않아 곤란해하는 모습이었다. 나는 잠시 머뭇거렸다. 섣불리 "제가 해 드릴게요."라고 나서면 자존감을 건드릴 수 있다는 생각이 스쳤다. 그래서 한 걸음 다가가며 말했다.

"어르신, 한번 함께 살펴볼까요?"

일방적인 도움 대신, 함께 방법을 찾아보자는 제안이었다. 어르신은 잠시 멈칫하더니 곧 고개를 끄덕이며 자리를 내어주셨다. 옆에 서서 손잡이를 천천히 돌리니 불꽃이 '탁' 하고 켜졌다. 순간, 굳어 있던 표정이 풀리며 환한 미소가 번졌다.

"아, 이렇게 하는 거였구나."

그날 이후 관계가 극적으로 달라진 것은 아니었다. 여전히 어르신의 말수는 적었고, 방문의 시작과 끝은 짧은 인사로 마무리되었다. 그러나 문을 열어줄 때의 눈빛이 한결 부드러워졌고, 나의 움직임을 바라보는 시선에도 경계심이 조금 덜했다. 며칠 뒤, 어르신이 먼저 식탁 위의 사용설명서를 가리키며 물으셨다.

"선생님, 이건 뭐라고 써 있는 거예요?"

그 한마디는 달랐다. 단절의 언어가 아니라, 연결을 향한 작은 신호였다. 어르신이 자존감을 해치지 않으면서도 도움을 받을 수 있다고 느낀 순간이었다. 그때 알았다. 진심이 담긴 제안은 무조건적인 도움보다 마음을 더 깊이 여는 열쇠임을.

그 후로 나는 도움을 건넬 때마다 이렇게 묻는다.

"어르신, 한번 해보시겠어요?"

이 말은 단순한 제안을 넘어, 자존감을 지켜주면서도 마음의 문을 여는 열쇠가 되어주었다.

돌봄의 감각

이 사례에서 돌봄제공자는 어르신을 설득하거나 주도하는 대신, 나란히 서서 문제를 바라보는 방식을 선택했습니다. 마음을 열도록 재촉하지 않고, 작은 신호가 스스로 드러나기를 기다렸습니다.

도움을 제안하는 순간에도 "제가 해 드릴게요."라는 일방적인 말 대신, "함께 살펴볼까요?"라고 물었습니다.

이 한마디에는 어르신을 문제 해결의 주체로 세우려는 마음이 담겨 있었습니다. "누군가 나를 기다려주었다"는 경험은 천천히 신뢰를 만들고, 그 신뢰가 다시 대화를 열어줍니다.

포인트 박스

- 도움을 건넬 때는 "해줄게요"보다 "해보시겠어요?"처럼 선택권을 남기는 말이 자존감을 지킵니다.

- 침묵과 짧은 반응 속에서도 마음을 열 수 있는 작은 단서를 찾는 감각이 필요합니다.
- '무관심'처럼 보이는 태도에도 그 사람만의 방식으로 마음을 전하는 순간이 숨어 있습니다.

마음에 남은 한 줄

"마음을 여는 건 거창한 행동이 아니라, 존중을 담은 한마디입니다."

돌봄현장 실전 팁

"말을 아끼는 어르신과 관계를 시작하려면 어떻게 해야 할까요?"

1. '무반응'을 '조심스러움'으로 이해하기

- 이유: 말이 없다고 해서 감정이 없는 것은 아니며, 조심스러운 태도에는 신뢰를 쌓는 과정이 숨어 있습니다.
- 방법: 반응이 없을 때도 표정·시선·몸짓 등에서 나타나는 신호를 존중하며 기다립니다.

2. 도움을 제안하기 전, 관찰 먼저 하기

- 이유: 불편함을 알아차려도 성급히 개입하면 거부감을 줄 수 있습니다.
- 방법: 도움보다 먼저 대화를 시작해 어르신이 스스로 상황을 표현할 기회를 줍니다.

3. '같이 해볼까요?' 처럼 주도권을 어르신께 돌리는 말 사용하기

- 이유: 선택의 여지가 있는 제안은 심리적 부담을 줄이고 자존감을 지킵니다.
- 방법: "제가 해드릴게요"보다 "함께 해볼까요?"처럼 동행형 표현을 씁니다.

4. 변화를 흐름으로 감지하기

- 이유: 관계 변화는 즉각적이지 않고, 반복된 소통 속에서 서서히 드러납니다.
- 방법: 작은 질문, 눈맞춤, 손길 등 미세한 반응의 변화를 기록하고 기억합니다.

5. 서두르지 않고 반복된 존중으로 채우기

- 이유: 신뢰는 한 번의 말이 아니라 지속적인 태도에서 생깁니다.
- 방법: 매 방문마다 동일한 존중의 태도를 유지하며, 거리가 좁혀질 시간을 기다립니다.

주의할 점

- 질문할 때는 어르신이 비난으로 느끼지 않도록, 배려와 공감의 어조로 묻습니다.
- 어르신의 허락을 구한 뒤에 물건을 옮기거나 조작합니다.
- 도움을 드릴 때는 어르신의 속도에 맞춰 천천히 진행합니다.
- 다른 사람 앞에서 어르신의 불편함보다 존엄과 체면을 먼저 지켜드립니다.

사례 2. 상처가 된 질문, 그날의 침묵

마음의 경계를 존중하며 기다린 시간

노인정의 오후는 늘 따뜻한 온기로 가득했다.

"우리 애가 어제 왔다 갔어요."
"나는 손주가 휴가 나와서 하루 잤다네."

자식 이야기가 오갈 때마다 어르신들의 얼굴에는 환한 웃음이 피어났다.

그 자리에서 ○○○ 어르신은 말없이 미소만 지을 뿐, 대화에 끼지 않으셨다. 그 미소는 따뜻한 공기 속에서 어쩐지 외로워 보였다. 분위기를 함께 나누시면 좋겠다는 마음으로 조심스레 물었다.

"어르신, 자녀분들은 요즘 어떻게 지내세요?"

순간, 어르신의 얼굴에서 웃음이 사라졌다. 웃음소리가 무색해질 만큼 공기가 잠시 멈춘 듯했다. 입술을 굳게 다문 채 나를 바라보던 눈빛이 흔들리고, 이내 시선을 바닥으로 떨구며 낮고 힘없는 목소리가 흘러나왔다.

"그런 거… 묻지 마세요. 사정이 있는 거니까요."

그 한마디에는 분명한 선이 그어져 있었다. 나는 더는 말을 잇지 못했다. 들추지 말아야 할 상처를 건드린 것 같아, 돌아오는 길 내내 마음이 무거웠다. '무엇을 물을 수 있고, 무엇은 기다려야 하는가.' 스스로에게 묻는 시간이었다.

며칠 뒤, 걱정스러운 마음으로 다시 찾아간 날이었다. 어르신께서는 지난 일을 전혀 꺼내지 않으셨다. 오히려 평소처럼 반갑게 인사하며 먼저 말씀하셨다.

"선생님, 오늘 날씨가 참 좋네요."

그 따뜻한 목소리에서 깨달았다. 어르신께서 먼저 마음의 문을 열어주신 것이었다. 섣부른 질문으로 상처를 드렸지만, 다시 다가갈 수 있는 자리를 남겨주신 것이다.

질문은 호기심이 아니라 존중에서 시작되어야 한다. 누구에게나 말하고 싶지 않은 아픈 부분이 있고, 그 침묵 앞에서 서두르지 않고 곁을 지켜주는 것—그것이 더 큰 돌봄이 될 수 있음을 마음에 새겼다.

이후 ○○○ 어르신과의 관계는 더 깊어졌다. 굳이 많은 말을 나누지 않아도 함께 있는 시간이 편안했다.

묻지 않는 것이 더 큰 이해가 되고, 말하지 않는 것이 더 큰 배려가 될 수 있다는 것을 그 고요한 시간들이 보여주었다.

돌봄의 감각

이 사례에서 돌봄제공자는 '궁금함'을 앞세운 질문이 오히려 상처가 될 수 있음을 경험했습니다. 어르신의 가족 이야기는 단순한 소재가 아니라, 기쁨과 아픔이 함께 얽힌 깊은 사적인 영역일 수 있습니다.

돌봄의 질문은 정보 수집을 위한 도구가 아니라, 상대방이 편안하게 대답할 수 있는 '마음의 자리'를 마련하는 과정입니다. 마음의 문이 닫혀 있을 때는 굳이 두드리지 않고, 그 옆에서 머무는 태도가 관계를 지키는 힘이 됩니다.

그렇게 편안히 함께 머무는 것— 그것이 진정한 신뢰의 시작입니다.

포인트 박스

· 가족 이야기는 기쁨과 아픔이 함께 얽힌 주제일 수 있습니다.
· 질문보다 '함께 있는 시간'이 마음을 열어주는 경우가 많습니다.

마음에 남은 한 줄

"좋은 질문은 궁금증이 아니라 존중에서 시작됩니다."

돌봄현장 실전 팁

"선부른 질문 대신, 어떻게 기다릴 수 있을까요?"

1. 궁금증이 생기면 '지금 필요한 질문인지' 먼저 생각하기

- 이유: 호기심으로 던진 질문은 의도와 달리 상처를 건드릴 수 있습니다.
- 방법: 질문 전에 '이 질문이 어르신께 도움이 될까?'를 스스로 점검합니다.

2. 대답이 어려운 주제는 '함께 머무는 시간'으로 대체하기

- 이유: 말보다 존재가 주는 안정이 관계를 회복시킵니다.
- 방법: 대화 대신 차분히 앉아 있거나, 가벼운 생활 이야기를 나눕니다.

3. 닫힌 마음은 '일관된 존중'으로 열기

- 이유: 신뢰는 빠르게 열리기보다 천천히 쌓입니다.
- 방법: 동일한 인사·태도로 방문하며 감정의 변화를 기록합니다.

4. 민감한 주제는 '어르신이 먼저 꺼낼 때'만 그 흐름에 맞춰 대화하기

- 이유: 스스로 꺼낸 이야기는 대화의 안전지대가 됩니다.
- 방법: 가족·과거 이야기가 나오면 말보다 마음을 들으려는 태도로 귀를 기울입니다.

5. 침묵을 관계의 일부로 이해하기

- 이유: 말 없는 순간에도 많은 신호가 전달됩니다.
- 방법: 표정·시선·작은 몸짓에서 정서를 읽어냅니다.

주의할 점

- 어르신의 마음을 확인하려는 질문이 상처로 이어질 수 있음을 인식합니다.
- 가족·건강·과거 등 민감한 주제는 먼저 꺼낼 때에만 조심스럽게 대합니다.
- 대답이 없을 때 되묻지 않고 시간을 둡니다.
- 가족 관계나 개인 이야기는 개인정보 보호 원칙에 따라 안전하게 관리합니다.

사례 3. "별일 없어요, 정말요…" 괜찮다는 말에 가려진 신호들
마음을 묻는 질문이 신뢰를 열어가는 순간

○○○ 어르신은 늘 "괜찮다"고만 하시는 분이었다. 몸이 불편해 보이거나, 끼니를 거른 듯한 흔적이 보여도 어르신은 똑같은 말로 나를 안심시키셨다.

"별일 없어요. 잘 지내요."

처음에는 그 말을 그대로 믿었다. 하지만 방문을 거듭할수록 어르신의 말과 방안의 풍경이 미묘하게 어긋나고 있음을 느꼈다. 식사 흔적이 없는 밥상, 며칠째 그대로인 이불이 '괜찮다'는 말 뒤에 숨겨진 진실을 말해주고 있었다.

어느 날, 평소처럼 안부를 물었다.

"어르신, 요즘 어떻게 지내세요? 식사는 잘 챙기고 계시고요?"

어르신은 고개를 끄덕이셨지만 눈빛은 흔들렸다.

"응, 아무 일 없어. 정말이야."

그런데 이상했다. 냉장고 문이 살짝 열려 있었고, 안에는 시든 채소 몇 개만 덩그러니 있었다. 식탁 위 밥그릇도 며칠째 그대로인 듯했다. 나는 직접 묻지 않고, 자리를 조금 더 지켰다. 어르신과 차를 마시며 "요즘 하루가 어떻게 지나가세요?"

라고 물었다.

"그냥… 별일 없이 지내지요."

어르신의 목소리가 유난히 힘이 없었다. 그래서 나는 그날, 조금 더 오래 곁에 머물렀다. 특별한 말을 건네지 않고, 조용히 함께 있어 드렸다. 며칠 뒤 다시 찾아간 날, 어르신이 먼저 입을 여셨다.

"선생님, 지난번에 오래 앉아 계셔서 좋았어요. 사실 요즘 혼자 있으니까 밥 먹기도 귀찮고… 그런데 괜찮다는 말밖에 안 나와서."

나는 고개를 끄덕이며 말했다.

"힘드실 때는 저에게 먼저 말씀해주세요. 어르신이 힘드신 마음을 솔직히 말해주시는게, 저한테는 제일 큰 도움이 돼요."

어르신은 창밖을 보며 작게 웃으셨다.

"그게 잘 안 되네. 나이 드니까 자꾸 '괜찮다'는 말부터 나와요."

그때부터 나는 질문을 바꾸기 시작했다. '괜찮으세요?'라는 확인의 질문 대신 '요즘 어떤 하루를 보내고 계세요?'라고 묻기 시작한 것이다. 시간이 지나며, "어제는 친구랑 통화했어요." 이런 이야기를 조금씩 들을 수 있었다.

이제 나는 '괜찮은지'를 묻는 것을 넘어, 어르신의 진짜 하루를 묻는다. 질문은 단순한 정보 수집이 아니라, 마음을 털어놓을 용기를 건네는 다정한 손길이라는 것을 매번 새롭게 느끼며 배워간다.

돌봄의 감각

이 사례에서 돌봄제공자는 어르신의 "괜찮다"는 말을 그대로 받아들이지 않고, 방 안의 변화와 표정 속 신호를 읽어냈습니다. 겉으로는 담담해 보여도 생활의 흐름이 무너진 자리에는 쉽게 말하지 못하는 마음이 숨어 있습니다.

돌봄제공자는 성급히 해결책을 제시하기보다 '함께 머무는 시간'을 늘렸습니다. 그 조용한 동행이 어르신에게는 마음을 열 수 있는 안전한 공간이 되었습니다. "괜찮다"는 말 뒤에 숨은 진짜 마음을 기다려주는 것이야말로 진정한 돌봄의 시작입니다.

포인트 박스

- "괜찮다"는 말은 종종 '도움이 필요 없다'는 뜻이 아니라 '쉽게 꺼내기 어려운 이야기'일 수 있습니다.
- 반복된 "괜찮다" 속에서도 환경과 표정의 변화를 살피는 감각이 필요합니다.
- 질문은 확인이 아니라 '하루를 듣는 태도'로 바뀔 때 신뢰가 깊어집니다.

마음에 남은 한 줄

"괜찮다"는 말 뒤에는, 때로는 조심스럽게 건너야 할 마음의 강이 있습니다.

돌봄현장 실전 팁

"괜찮다"는 말이 반복될 때, 어떻게 다가갈까요?"

1. 말보다 '변화'를 먼저 살피기

- 이유: '괜찮다'는 말이 반복될 때, 진짜 신호는 말이 아니라 생활환경과 행동 변화에 숨어 있습니다.
- 방법: 집안 정돈 상태, 식사 여부, 평소와 다른 행동 패턴을 세심히 살핍니다.

2. 마음을 여는 질문하기

- 이유: 같은 질문은 같은 대답을 부릅니다.
- 방법: "괜찮으세요?" 대신 "요즘은 어떤 하루를 보내고 계세요?"처럼 생활 중심의 질문을 사용합니다.

3. 말 뒤에 숨은 감정 읽기

- 이유: '괜찮다'는 말 속에는 감춰진 감정이 있을 수 있습니다.
- 방법: 곧이곧대로 반응하기보다, 표정·목소리·몸짓 속 단서를 놓치지 않습니다.

4. 대화를 서두르지 않고 곁에 머물기

- 이유: 말이 없을 때도 곁에 있는 시간이 신뢰를 쌓습니다.
- 방법: 대화를 억지로 이어가기보다, 함께 있는 고요를 받아들입니다.

5. 자발적 표현을 존중하기

- 이유: 스스로 꺼낸 말은 그동안 쌓인 신뢰의 결과입니다.
- 방법: 어르신이 꺼낸 감정을 평가하거나 조언하지 않고, 그대로 받아들입니다.

주의할 점

- 대화에서는 사실을 단정하기보다, 어르신의 입장을 존중하며 듣습니다.
- '괜찮다'는 대답 뒤에는 반복 질문 대신 잠시 머물며 여유를 둡니다.
- 조용한 기다림이 때로는 가장 큰 위로가 될 수 있음을 기억합니다.

2장 마무리

모든 질문이 마음을 여는 열쇠가 되는 것은 아닙니다. 그러나 잘 건넨 질문은 닫힌 마음이 천천히 열릴 준비를 하게 합니다. 돌봄제공자는 모든 것을 묻는 사람이 아니라, 무엇을 묻고, 무엇을 기다릴지 아는 사람입니다. 때로는 말보다 더 많은 것을 전하는 침묵과 눈빛, 머뭇거림 안에서 우리는 어르신의 하루를 함께 읽어갑니다.

질문은 기술이지만, 그 바탕에는 사람을 향한 조심스러운 존중이 있어야 합니다. 그 존중이 감정을 다스리는 힘이 아니라, 함께 다루며 관계로 이어가는 감정기술이 됩니다. 잘 묻는다는 것은 상대의 감정을 조용히 꺼내도록 돕는 일입니다.

그렇게 돌봄제공자의 언어는 단순한 확인이 아니라, 누군가의 하루를 지켜주는 조용한 손길이 됩니다.

이 장의 이야기들이, 우리가 만나는 사람들의 말속에 담긴 무게를 다시 바라볼 작은 여유를 건네주길 바랍니다.

돌봄관계에서 적당한 거리를 찾는 법

우리는 누군가의 삶을 온전히 마주하며 조심스럽게 곁에 서는 사람입니다. 그러나 곁에 머문다는 것이 곧 감정 깊숙이 들어간다는 뜻은 아닙니다.

우리는 돌봄의 자리에서 오래 서 있기 위해 마음속에 조용히 '지속을 위한 선'을 긋습니다. 이 거리는 어르신과 멀어지기 위함이 아니라, 감정적 소진 없이 관계를 이어가기 위한 조용한 균형입니다.

어르신의 삶에 진심으로 귀 기울이되, 그 삶에 너무 깊이 감정이 얽히지 않도록 조절하는 일. 이 균형이 무너지면 우리는 힘겨운 감정의 소용돌이에 휘말릴 수 있습니다.

이 장에서는 돌봄의 자리를 오래 지키기 위해 어떤 거리를 세우고, 어떤 태도를 연습해왔는지를 세 가지 이야기를 통해 펼쳐 보려 합니다.

사례 1. 끝없는 전화, 마음의 경계가 필요할 때
사적인 울림과 일의 선 사이에서

78세의 ○○○어르신은 평소 말수가 적으셨지만, 나에게는 자주 전화를 걸어오셨다. 정기 방문 외에도 하루에 대여섯 번씩 울리는 전화벨이 처음엔 반가웠다. 반찬, 날씨, 텔레비전 드라마 같은 소소한 대화는 30분 넘게 이어지기도 했다. '나를 그만큼 믿고 계시구나' 하는 생각에 마음이 따뜻해졌다. 나는 이 통화가 어르신의 외로움을 덜어드리는 중요한 돌봄이라고 생각했다.

하지만 어느 순간부터 그 소통은 미묘하게 선을 넘기 시작했다. 늦은 밤이나 주말에도 전화벨이 울렸고, 나만의 회복 시간은 점점 사라져 갔다.

"아무도 찾아오는 사람이 없다"는 외로운 마음 한마디가 이어지다가, 때로는 감정이 격해진 목소리로 바뀌곤 했다.

통화를 끊고 나면 나의 마음이 무겁게 가라앉았다. 나는 한동안 "어르신 입장에서는 내가 유일한 연결고리일 수 있잖아."라며 스스로를 다독였다.

하지만 돌봄을 오래 지속하려면 나 자신에게도 쉼이 절실하다는 것을 깨달았다. 나의 심리적 피로가 쌓이면, 어르신과의 관계에도 미세한 거리가 생길 수 있다는 생각이 들었다.

마침내 용기를 내어 어르신께 말씀드렸다.

"어르신, 제가 업무 시간에는 언제든 연락드릴 수 있습니다. 하지만 근무 외 시간이나 늦은 밤에는 바로 받기 어려워요. 혹시 급한 일이 생기시면 센터로 연락 주시면 제가 바로 확인하고 도와드릴 수 있습니다."

처음엔 어르신이 서운해하셨다. "왜 전화를 안 받아요?"라며 목소리가 굳어졌고, 며칠간은 통화 분위기도 차가웠다. 나는 그때마다 감정적으로 반응하는 대신, "더 잘 돕기 위한 약속"이라는 점을 차분하게 설명했다.

얼마 지나지 않아 작은 변화가 찾아왔다. 밤늦은 전화 대신 낮에 짧게 안부 전화를 주셨고, 어떤 날은 "오늘은 괜찮아요."라는 문자 한 통만 도착했다. 짧은 문장 속에 '당신의 시간을 존중한다'는 의미가 담겨 있는 듯했다.

이 경험은 내게, 마음의 경계를 긋는 것은 관계를 끊는 것이 아니라, 서로의 영역을 존중하며 더 오래 함께하기 위한 지혜라는 중요한 배움을 남겼다. 진정한 돌봄의 지속 가능성은 결국 나를 지키는 경계에서부터 시작된다.

돌봄의 감각

이 사례에서 돌봄제공자는 감정적 피로가 누적되는 상황을 무심히 넘기지 않았습니다. 경계가 무너진 관계는 어르신의 의존을 심화시키고, 돌봄제공자의 회복 시간을 줄어들게 합니다.

정서 지원 관계에서의 경험적 관찰에 따르면, 이러한 관계 패턴은 일시적으로 정서적 친밀감을 높일 수 있지만, 장기적으로는 두 사람 모두의 심리적 안정성을 해칩니다.

여유가 사라지면 공감 능력과 판단력이 서서히 약화되고, 돌봄의 질도 떨어질 수 있습니다. 따라서 경계 설정은 감정을 차단하는 것이 아니라, 관계를 오래 지속하기 위한 보호 장치이자 감정을 다루는 기술입니다.

포인트 박스

- 경계는 단절이 아니라, 서로의 영역을 지키며 오래 함께하기 위한 안전망입니다.

마음에 남은 한 줄

"돌봄의 지속 가능성은 나를 지키는 경계에서 시작됩니다."

돌봄현장 실전 팁

"어르신이 빈번하게 연락할 때, 어떻게 경계를 지킬 수 있을까요?"

1. 연락 가능 시간과 방법을 미리 안내하기

- 이유: 기준이 모호하면, 어르신 입장에서는 언제든 전화해도 된다고 느낄 수 있습니다.
- 방법: 초기 방문 시 연락 가능 시간을 구체적으로 안내하고, 메모나 휴대폰 저장으로 도와드립니다.

2. 제한의 이유를 명확히 전달하기

- 이유: 단순히 "늦게는 연락하지 말아 주세요."라고만 하면, 어르신이 관심이

줄었다고 느낄 수 있습니다.

· 방법: "업무 시간에 연락을 주시면, 더 정확하게 도와드릴 수 있습니다."처럼 '더 잘 돕기 위한 조치'임을 강조합니다. 표정과 목소리에 진심이 담겨야 합니다.

3. 대안을 함께 마련하기

· 이유: 제한만 두고 대안을 제시하지 않으면, 어르신은 불안감이나 서운함을 느낄 수 있습니다.
· 방법: "급하게 도움이 필요하실 땐 ○○센터로 전화하시면, 바로 저나 다른 분이 확인할 수 있어요."처럼 구체적인 번호와 절차를 안내합니다. 가능하다면 '비상 연락 카드'를 만들어 드리면 도움이 됩니다.

4. 변화에 긍정적 반응 보이기

· 이유: 연락 빈도를 줄이는 것은 어르신의 노력이자 변화입니다.
· 방법: 전화 대신 문자로 안부를 주셨을 때, "문자로 안부 전해주셔서 감사합니다. 잘 지내신다니 저도 마음이 놓입니다."처럼 구체적으로 감사한 마음을 표현합니다. 이런 반응은 어르신께 안정감을 드립니다.

주의할 점

· 늦은 시간 연락이 반복된다고 해서 바로 불만을 드러내지 않습니다. 차분한 태도로 '왜 필요한 조치인지' 먼저 설명합니다.
· 연락 기준을 구두로만 전달하지 않습니다. 메모, 연락처 저장, 비상연락카드 등 '기억을 돕는 도구'를 함께 제공합니다.

사례 2. 도와주고 싶은 마음, 그러나 선을 넘는 순간
일시적 도움과 역할의 경계 사이에서

81세의 ○○○어르신은 최근 낙상으로 거동이 불편해지셨다. 담당 복지사와 상의 끝에, 정서지원을 담당하는 돌봄제공자인 나는 임시로 가사지원을 맡게 되었다. 처음에는 간단한 식사 준비나 손이 닿지 않는 물건을 정리하는 정도였다.

어르신은 그 작은 도움에도 "고맙습니다, 폐만 끼치네요."라며 연신 미안해하셨다. 그 말 속의 미안함이 오래 남아, 나도 모르게 더 보탬이 되고 싶어졌다.

며칠이 지나자, 나는 어느새 냉장고 속 식재료를 챙기고 어르신의 부탁에 따라 간단한 반찬까지 만들어드리고 있었다. 어르신도 점점 자연스럽게 내 도움을 기대하셨다. "오늘은 설거지 좀 부탁해도 될까요?"라는 말이 익숙하게 들려왔다.

도움을 드리는 순간에는 뿌듯했지만, 마음 한켠에는 역할의 경계를 넘고 있다는 불편한 마음이 지워지지 않았다. '이것은 내가 맡은 업무 범위를 벗어난 건 아닐까? 지금 나는 정서지원 담당자로서 해야 할 일을 하고 있는 것일까?' 스스로에게 던진 질문이 점점 무겁게 다가왔다.

결국 나는 담당 복지사에게 상황을 솔직히 털어놓았다.

"어르신을 도와드리고 싶은 마음은 크지만, 제가 할 수 있는 범위를 넘어서고 있는 것 같아요."

함께 어르신의 상황을 점검한 결과, 내 역할 범위를 명확히 하고 필요한 부분은 다른 지원으로 이어가기로 했다.

나는 어르신께 차분히 말씀드렸다.

"저는 앞으로 정서적 지원에 집중하겠습니다. 생활 지원은 더 전문적인 서비스를 받으시는 게 어르신께도 좋을 것 같아요."

어르신은 조금은 아쉬워하면서도, 마음이 놓인 듯한 표정으로 고개를 끄덕이셨다.

돌봄은 감정만으로는 지속되지 않는다. 내가 맡은 역할의 경계를 분명히 하는 것, 그것이야말로 어르신과 나 모두를 위한 진정한 돌봄이다.

돌봄의 감각

이 사례에서 돌봄제공자는 낙상으로 인해 불편해진 어르신을 돕는 과정에서, 감정이 역할의 경계를 흐릴 수 있다는 사실을 깨달았습니다. 도움의 마음이 커질수록 '이 정도는 괜찮다'는 생각이 생기기 쉽지만, 업무 범위를 넘어서는 지원은 어르신의 의존성을 높이고 돌봄제공자에게는 과중한 부담을 남깁니다.

돌봄의 감각은 감정에 앞서 스스로의 역할을 점검하고, 필요한 경우 전담복지사와 협의하여 제도 안에서 해결책을 찾는 것에 있습니다.

경계는 관계를 단절하기 위한 장벽이 아니라, 돌봄을 오래도록 지속할 수 있게 만드는 감정의 균형선이고 안전장치입니다.

포인트 박스

· 감정의 동기는 소중하지만, 제도와 기준 안에서 실행될 때 지속 가능해집니다.

마음에 남은 한 줄

"경계는 차갑게 거리를 두기 위한 것이 아니라, 함께 가기 위한 안전선입니다."

돌봄현장 실전 팁

"도움을 주다 보니 업무 경계를 넘게 될 때, 어떻게 해야 할까요?"

1. 지원범위 초과 시, 명확히 구분하고 연계하기

· 이유: 1) 정해진 범위를 넘어서는 도움은 어르신의 의존도를 높이고, 다른 필수 업무나 대상자 관리에 차질을 줄 수 있습니다.
2) 돌봄제공자의 역할이 모호해지면, 향후 서비스 조율이나 대체 인력 투입 시 혼선이 발생할 수 있습니다.

· 방법: 1) 업무 범위를 벗어난 요청이 반복되면, '현재 가능한 지원'과 '다른 제도로 연계 가능한 지원'을 구분해 설명합니다.
2) 감정적으로 부담을 느끼기 전에 전담복지사와 상황을 공유하고, 필요 시 대체·보완 서비스로 연계합니다.

2. 한시적 지원의 종료시점을 명확히 안내하기

- 이유: 한시적 지원은 긴급 상황을 해소하기 위한 것이며, 장기 지원을 위한 체계적 연계가 필수입니다.
- 방법: 1) '이번 주까지는 제가 돕고, 다음 주부터는 ○○ 서비스가 시작됩니다' 처럼 명확한 종료 시점을 안내합니다.
  2) 어르신이 서비스 전환에 불안을 느끼지 않도록, 새로운 서비스의 절차와 혜택을 구체적으로 설명합니다.

3. 마음과 원칙의 균형을 전하기

- 이유: 감정에 이끌린 지원은 돌봄의 균형을 깨고, 다른 대상자와의 형평성을 해칠 수 있습니다.
- 방법: 1) '도와드리고 싶은 마음은 크지만, 제 역할이 정해져 있어서요' 처럼 진심(감정)과 기준(원칙)을 함께 전달합니다.
  2) 기록 시, 업무 범위를 넘어선 요청과 대응 과정을 구체적으로 남겨 추후 참고할 수 있게 합니다.

4. '정'을 이유로 경계를 흐리지 않기

- 이유: 1) 돌봄제공자가 자신의 경계 넘기를 '정'으로만 해석하면, 스스로 문제를 자각하지 못한 채 반복될 수 있습니다.
  2) '정'이라는 이름으로 이뤄진 지원은 일시적으로는 따뜻해 보이지만, 결국 돌봄제공자의 과부하와 어르신의 의존성을 심화시킵니다.
- 방법: 1) 자기 점검 질문: "나의 부재에도 이 지원이 지속될 수 있을까?"를

셨다. 실제로 상담 연계가 바로 이루어진 것은 아니었지만, 필요하면 전문 자원으로 연결될 수 있다는 제안을 드린 것만으로도 관계는 한결 가벼워졌다. 그 후로 부탁의 빈도가 줄었고, 감정적인 이야기 역시 한결 가벼워졌다.

나는 나를 지키면서도, 어르신이 더 적절한 도움을 받을 수 있도록 길을 열어 드렸다는 안도감을 느꼈다. 경계는 단절이 아니라, 서로를 더 편안하게 지켜주는 약속이라는 것을 깨달은 순간이었다.

돌봄의 감각

이 사례에서 돌봄제공자는 어르신의 감정적 요구가 일상적인 돌봄의 범위를 넘어서는 상황에서 '감정을 다루는 기술'을 발휘했습니다.

경계 설정은 거절이 아니라, 더 적절한 자원으로 연결해 관계를 지키는 과정입니다. 이는 돌봄제공자의 회복력을 지켜줄 뿐 어니라, 어르신이 더 알맞은 도움을 받을 수 있도록 돕는 기술이기도 합니다. 경계는 돌봄제공자가 지치지 않고 오래 곁에 머무를 수 있도록 지켜주는 힘입니다.

포인트 박스

· 경계는 단절이 아니라, 더 적절한 도움으로 이어주는 다리입니다.

마음에 남은 한 줄

"경계를 지키는 일은 외면이 아니라, 더 건강한 관계로의 초대입니다."

돌봄현장 실전 팁

"어르신의 감정 이야기가 반복적으로 이어질 때, 어떻게 경계를 지킬 수 있을까요?"

1. 내 역할과 지원 범위를 명확히 안내하기

- 이유: 역할 범위가 불분명하면 어르신은 돌봄제공자에게 정서적·실질적 돌봄을 모두 기대하게 됩니다.
- 방법: 방문 시간과 지원 가능한 업무를 구체적으로 설명하고, 기록이나 안내 문구로 남깁니다.

2. 정서적 부담이 커지는 대화는 전문 자원과 연계하기

- 이유: 지속적인 하소연이나 의존적 대화는 돌봄제공자의 감정에너지를 소모시키고, 관계의 균형을 무너뜨릴 수 있습니다.
- 방법: 대화가 반복되거나 정서적으로 무거워질 때는 기록 후 전담복지사에게 공유하고, 필요 시 상담기관 등 전문자원으로 연계합니다.

3. 경계를 전할 때는 진심을 담아 설명하기

- 이유: 경계 설정이 거절로만 받아들여지면 관계가 단절 될 수 있습니다.
- 방법: "더 잘 도와드리기 위해 전문 기관과 연결해 드리려는 겁니다."처럼 부드럽게 전합니다.

4. 경계 이후의 변화를 관찰하고 기록하기

- 이유: 어르신이 새로운 관계 방식에 적응하는 과정에서 긍정적·부정적 반응이 나타날 수 있습니다.
- 방법: 요청 빈도, 대화 주제, 표정 변화를 관찰해 기록으로 남기고, 필요 시 전담복지사와 공유합니다.

주의할 점

- 불편한 상황에서도 관계의 거리를 서두르지 않고 신중히 조율합니다.
- 건강상태나 가족 갈등 등 배경을 이해한 뒤. 적절한 경계를 설정합니다.
- 상담 연계를 권할 때, '더 잘 돕기 위한 연결'임을 진심으로 전달합니다.
- 침묵이나 거리감이 생기더라도, 신뢰를 유지하며 지속적으로 관심을 보입니다.

3장 마무리

돌봄제공자는 한 걸음 다가서고, 또 한 걸음 물러설 줄 아는 사람입니다. 가깝지만 휘청이지 않고, 진심이지만 지치지 않도록 조용한 거리를 배우는 일. 그 거리는 단절이 아니라, 오래 함께 있기 위한 약속입니다.

돌봄의 관계에서 경계는 차갑게 선을 긋는 것이 아니라, 서로가 더 편안히 숨 쉴 수 있는 여백을 만드는 일입니다.

때로는 마음이 흔들려 선을 넘고 싶을 때도 있고, 도움을 주고 싶은 충동이 커질 때도 있습니다. 그러나 그 순간에도 "이 여백의 거리가 우리 둘 다를 지킨다."는 사실을 기억해야 합니다.

거리를 두는 용기는 관계를 끊는 것이 아니라, 오래 지켜내는 힘이 됩니다. 돌봄은 그 거리를 지킬 때, 더 따뜻하게 이어집니다.

4장 어르신의 말 너머를 듣는 시간

'조용한 신호'를 알아차리는 감각

말은 때로 조용합니다. 하지만 말이 없다고 해서 마음까지 없는 것은 아닙니다. 우리의 하루는 그 조용한 신호를 감지하는 일입니다. 말투의 떨림, 오래도록 치워지지 않은 밥상, 살짝 열린 창문, 평소보다 짧은 눈맞춤. 그 모든 것이 "괜찮다"는 말보다 더 많은 것을 전합니다.

익숙한 리듬이 달라질 때, 우리는 마음에 그림자가 드리워지고 있음을 알아차려야 합니다. 이러한 침묵의 신호는 어르신의 고립을 깊게 만들고, 삶의 활력을 앗아갈 수 있습니다. 그래서 이를 감지하는 일은 돌봄의 가장 중요한 시작점입니다.

돌봄은 듣는 일입니다. 그러나 귀로만 듣는 것이 아니라, 일상의 틈새에 스며든 마음을 듣는 일입니다.

이 장에서는, 말보다 먼저 도착하는 신호들, 그 침묵의 언어를 어떻게 감지하고 반응해왔는지, 그리고 그 감각을 어떻게 키워왔는지를 들여다보려 합니다.

사례 1. 생명을 지켜낸 직감
작은 이상을 놓치지 않은 하루

80대 ○○○ 어르신은 평소 감정 표현이 적고 무뚝뚝한 편이셨다. 늘 "나는 잘 지내요."라고 하셨고, 당뇨도 스스로 잘 관리한다고 말씀하셨다. 정기적으로 방문해 안부를 확인하는 것이 나의 일이었고, 그 관계는 잔잔하고 평화로웠다.

어느 날, 방문을 마칠 무렵 어르신은 힘없는 목소리로 말씀하셨다.

"좀 어지럽네… 오늘은."

평소 짧고 단호하게 말씀하시던 때와는 달랐다. 그 말씀에는 설명하기 어려운 불안이 배어 있었다. 나는 즉시 혈당 측정을 권유했다.

수치는 크게 불안정하지 않았지만, 저혈당 증상일 수 있다고 판단해 병원 방문을 권했다. 결국 어르신과 함께 병원에 동행했고, 간단한 처치 후 귀가하여 안정을 되찾으셨다.

하지만 그날 밤, '정말 괜찮으신 걸까?' 하는 생각이 들었다.

다음 날은 방문 일정이 없는 날이었지만, 아침이 되자 어르신이 자꾸 마음에 걸렸다. 결국 나는 다른 일정을 미루고 어르신 댁으로 향했다. 초인종을 여러 번 눌러도 응답이 없었다. 불안한 예감은 현실이 되고 있었다.

문을 열고 들어서자, 거실 소파에 앉아계신 어르신은 반응이 느리고 말도 또렷하지 않았다. 눈빛은 흐릿했고, 손은 차갑게 식어 있었다. 나를 제대로 알아보지 못하시는 듯했다.

곧바로 119에 신고했다. 병원으로 이송된 어르신은 심각한 저혈당 쇼크 상태였으며, 조금만 늦었더라면 생명을 잃을 수도 있었다고 했다. 다행히 골든타임을 놓치지 않고 신속하게 대응한 덕분에 며칠 후 무사히 퇴원하실 수 있었다.

퇴원 후, 어르신은 조용히 내 손을 잡으며 말씀하셨다.

"그날… 선생님이 안 왔으면 큰일 날 뻔했어요. 정말 고마워요."

그날 나는 정해진 업무만을 한 것이 아니었다.

'괜찮다. 잘 지낸다'는 말 뒤에 숨겨진 조용한 신호를 놓치지 않았고 그 작은 감각과 발걸음이 어르신의 생명을 구했다. 나의 직감은 어르신을 다시 일상으로 이끈 힘이 되었다.

돌봄의 감각

이 사례는 정해진 방문이 아님에도 불구하고, 작은 말 한마디 속 이상 신호를 감지하고 대응한 돌봄제공자의 감각을 잘 보여주는 이야기입니다.

평소 감정을 잘 드러내지 않던 어르신의 "좀 어지럽다"는 말은 단순한 증상이 아니라, 실제로 위험 신호였던 것입니다.

돌봄은 매뉴얼을 따르는 일처럼 보일 수 있지만, 사실은 관계 속에서 형성된 감각이 가장 중요한 기술입니다.

돌봄제공자의 직감은 경험과 축적된 신뢰를 바탕으로 자랍니다. 어르신의 말투, 표정, 움직임 속 작은 변화를 읽어내고, 그 느낌을 믿고 한 걸음 더 다가선 행동이 결국 생명을 지키는 결정적인 계기가 되었습니다.

포인트 박스

· 작은 말 한마디를 기억하고, 평소와 다른 낯선 신호를 포착하는 감각은 돌봄 제공자에게 가장 중요한 돌봄의 기술입니다.

마음에 남은 한 줄

"그날 내가 멈추지 않고 걸었던 한 걸음이, 어르신을 다시 일상으로 이끈 길이 되었습니다."

돌봄현장 실전 팁

"말 한마디 속 이상 신호, 어떻게 감지하고 대응할 수 있을까요?"

1. 작은 변화에도 민감하게 반응하기

- 이유: 평소와 다른 말투, 속도, 표정, 눈빛 같은 비언어적 신호는 위기 상황의 초기 징후일 수 있습니다.
- 방법: 어르신의 일상적인 말과 행동 패턴을 기억하고, 평범한 말 속에 숨어 있는 낯섦을 기록과 관찰로 확인합니다.

2. 직감을 근거로 판단하기

- 이유: '왠지 마음이 걸린다'는 느낌은 경험에서 비롯된 중요한 경고 신호일 수 있습니다.
- 방법: 감정에만 의존하지 말고, 최근 기록과 비교하여 변화의 근거를 찾고 즉시 전담복지사와 공유합니다.

3. 일정에 얽매이지 않고 즉시 대응하기

- 이유: 이상 신호가 감지되었을 때는 '기다리는 돌봄'보다 '먼저 움직이는 돌봄'이 안전을 지킵니다.
- 방법: 정해진 방문일이 아니더라도 필요 시 바로 어르신을 찾아가거나 가족과 전담복지사에게 상황을 알립니다.

4. 응급상황에서는 '판단보다 행동'으로 대응하기

- 이유: 저혈당, 호흡 곤란 등 응급 상황은 몇 분의 지연이 생명과 직결됩니다.
- 방법: 상황을 분석하기보다 119 신고와 응급 이송을 신속히 진행합니다.

5. 위기 대응 후 감정을 정리하기

- 이유: 긴장과 걱정, 무력감은 다음 대응에도 영향을 줄 수 있습니다.
- 방법: 동료나 전문가와 상황을 공유하고, 감정을 해소하는 시간을 마련합니다.

주의할 점

- 평소 건강에 대해 "괜찮다"는 말을 자주 하셨더라도, 증상이 보이면 즉시 상태를 확인하고 필요한 절차를 진행합니다.
- 몸 상태 변화에 대한 어르신의 표현을 '연세 때문'이나 '일시적인 피로'로 단정하지 않고, 현재의 변화에 집중해 세심히 살핍니다.
- 직감이 들었다면 일정이나 업무보다 안전 확인을 먼저 실행합니다.

사례 2. "괜찮아요"라는 말의 반대편

괜찮다는 말에 가려진 조용한 신호

74세 ○○○ 어르신은 몇 해 전 외아들을 먼저 하늘로 떠나보내셨다. 이 사실을 알고 있었지만, 어르신은 그 깊은 슬픔에 대해 단 한 번도 입 밖으로 꺼낸 적이 없으셨다. 늘 깔끔하고 단정한 옷차림으로 나를 맞아주셨고, "난 괜찮아요. 너무 걱정 말아요."라는 말을 습관처럼 덧붙이셨다.

집안도 언제나 정돈되어 있었고, 일상생활에도 큰 문제는 없어 보였다. 특히 어르신은 거실 창가에 있는 화분들을 무척 소중히 여기셨다. "이 애들이 내 친구예요."라며 웃으시던 모습이 인상적이었다.

지난주 방문했을 때도 평소와 다르지 않았다. 그런데 이번 주 방문에서는 현관문을 열자마자 뭔가 달랐다. 평소 싱그럽던 화분들이 말라 있었고, 며칠째 쌓인 것 같은 그릇들이 싱크대에 그대로 있었다. 늘 따뜻하게 지어두시던 밥솥도 텅 비어 있었다.

어르신은 TV를 켜둔 채 소파에 앉아 계셨지만, 화면을 보는 것도 아니고 시선은 멍하니 창밖 어딘가에 머물러 있었다. 평소 나를 보면 바로 일어나 맞아주시던 모습과는 전혀 달랐다.

"어르신, 안녕하세요."

어르신은 한참 뒤에야 고개를 돌리셨다. 눈가가 부어 있었고, 며칠 새 확연히

야위어 보이셨다. 나는 조심스럽게 물었다.

"식사는 하셨어요? 오늘 하루는 어떻게 보내셨어요?"

어르신은 고개를 젓더니, 작은 목소리로 말씀하셨다.

"어제가… 그 애 생일이었어요."

그 한마디에, 나는 그동안 어르신이 혼자 견뎌온 슬픔의 무게를 고스란히 느낄 수 있었다. 아들의 생일을 홀로 맞으신 어르신의 마음이 어땠을지 상상만으로도 가슴이 아팠다.

나는 위로의 말 대신, 조용히 어르신 곁에 앉았다.

"많이 힘드셨겠어요."

어르신은 천천히 고개를 끄덕이셨다.

"혼자 보내기 힘든 날이었겠어요. 오늘은 그냥 함께 있어도 될까요?"

그렇게 우리는 말없이 한동안 앉아 있었다. 한참이 지나서야 어르신은 고백하듯 말씀하셨다.

"그 애 가고 나서… 사람들 앞에서는 괜찮은 척했어요. 다들 '이제 좀 괜찮아지셨어요?'라고 물으면 그냥 '괜찮다'고만 했거든요. 근데 어제는… 정말 안 되더라고요. 하루 종일 그 애 생각만 나고."

그제야 나는 깨달았다. 어르신이 겉으로 드러낸 '괜찮다'는 말은 주변 사람을 안심시키려는 배려였지, 진짜 마음은 아니었다는 것을. 말라버린 화분, 텅 빈 밥솥, 멍하니 앉아 계신 모습. 그 모든 것이 어르신이 보낸 조용한 구조 신호였다.

그날 이후 나는 어르신의 '괜찮다'는 말 뒤에 숨겨진 진짜 마음을 더 세심히 살피게 되었다. 그리고 특별한 날들이 다가올 때면 더 자주 안부를 확인하게 되었다. 때로는 말보다 함께 머무는 시간이 더 큰 위로가 된다는 것을 그날 배웠다.

돌봄의 감각

이 사례에서 돌봄제공자는 어르신의 "괜찮아요"라는 말에만 의존하지 않고, 주변 환경과 표정, 생활의 흐름에서 변화를 읽어냈습니다. 특히 평소 소중히 여기던 화분의 변화는 어르신의 심리 상태를 보여주는 중요한 단서였습니다.

말로 드러나지 않는 슬픔은 종종 무너진 생활 패턴과 비어 있는 일상 속에서 조용히 모습을 드러냅니다. 돌봄제공자는 이러한 신호를 감지하고, 어르신의 하루가 무너지지 않도록 곁에서 안정감을 불어 넣었습니다. 이는 어르신의 일상을 붙잡아주는 정서적 개입이었습니다.

포인트 박스

· 겉으로 괜찮아 보일 때일수록, 생활의 작은 틈에서 보내는 신호를 놓치지 않아야 합니다.

마음에 남은 한 줄

"말보다 오래 남는 것은, 조용히 곁을 지켜준 그 시간입니다."

돌봄현장 실전 팁

"말하지 않는 신호, 어떻게 알아차릴까요?"

1. 생활 리듬과 환경의 변화를 세심히 관찰하기

- 이유: 정돈된 집이 흐트러져 있거나, 식사 흔적이 사라진 모습은 어르신의 정서적 변화 신호일 수 있습니다.
- 방법: 방문 시 생활 환경의 변화를 세심하게 살피고, 이전 상태와 비교해 기록합니다.

2. '괜찮다'는 말 속 감정 읽기

- 이유: 감정 표현이 익숙하지 않은 어르신일수록, '괜찮다'는 말은 내면의 고통을 숨기려는 신호일 수 있습니다.
- 방법: 대답보다 표정, 목소리 톤, 시선 등 비언어적 변화를 함께 관찰합니다.

3. 기념일과 계절 같은 정서의 변화시기 기억하기

- 이유: 생일, 제삿날, 명절 같은 날은 정서적 공허감이 커지기 쉬운 시기입니다.
- 방법: 어르신과의 대화를 통해 중요한 날짜를 파악하고, 해당 시기에 정서 변화를 유심히 살핍니다.

4. 감정을 직접 묻기보다 생활에 대한 질문으로 접근하기

- 이유: 직접적인 감정 질문은 부담을 줄 수 있지만, 생활 속 질문은 자연스럽게 마음을 열게 합니다.
- 방법: "식사는 하셨어요?", "화분이 많이 말랐네요."처럼 일상 속 변화를 짚으며 대화를 시작합니다.

5. 머무름의 힘을 활용해 분위기 안정시키기

- 이유: 때로는 어떤 말을 건네기보다 '머무름'이 어르신에게 깊은 신뢰와 안정감을 줍니다.
- 방법: 불필요한 말은 줄이고, 조용히 곁을 지키며 편안함을 전합니다.

주의할 점

- 집안이 흐트러져 있을 때는 비교나 평가보다 변화의 이유를 이해하려는 태도로 바라봅니다.
- 기념일이나 사적인 사건을 어르신이 먼저 꺼낼 때 자연스럽게 공감으로 이어갑니다.
- '괜찮다'는 대답 뒤에 바로 감정을 캐묻기보다 표정과 분위기를 관찰하며 여유를 둡니다.
- 생활환경의 변화나 개인적인 사연을 다른 사람과 이야기할 때는 반드시 어르신의 동의를 구하고 존중합니다.

사례 3. 불안을 감춘 인사, 그리고 손끝의 진심

반복되는 말투와 손의 움직임에서 읽어낸 조용한 신호

72세의 ○○○ 어르신은 지난해에 남편을 여의고 혼자 살고 계셨다. 평소 말수가 적으신 편이었고, 늘 "잘 지내고 있어요."라는 인사를 간단히 건네셨다. 집안도 깔끔하게 정리되어 있었고, 외견상 큰 문제는 없어 보였다.

하지만 몇 달간 방문을 이어가면서, 작은 변화들이 눈에 띄기 시작했다. 어르신은 내가 방문할 때마다 현관 앞에서 기다리고 계셨고, 문을 열어주실 때 항상 뒤쪽으로 한 발 물러서셨다. 그리고 대화 중에도 자주 현관 쪽을 돌아보셨다.

그날도 어르신은 익숙한 말투로 인사를 건네셨다.

"오셨네요… 괜히 시간 쓰지 않으셔도 되는데. 저야 뭐 특별할 게…."

그런데 평소와 다른 점이 있었다. 말씀을 하실 때 손끝이 미세하게 떨리고 있었고, 손가락으로 테이블을 툭툭 두드리는 횟수가 평소보다 잦았다. 시선도 자꾸 창밖으로 향했다가 현관문 쪽으로 돌아갔다. 나는 조심스럽게 물었다.

"어르신, 요즘 밤에 잠은 좀 편하게 주무세요?"

그러자 어르신은 잠시 망설이시더니, 고개를 숙인 채 낮은 목소리로 속내를 털어놓으셨다.

"사실… 밤에 자꾸 누가 문을 두드리는 것 같은 기분이 들어요. 남편이 살아 있을 때는 안 그랬는데, 혼자되고 나서부터 그래요. 문단속을 몇 번씩 확인하고, 현관 쪽에서 소리가 나면 가슴이 뛰어요. 근데 이런 말 하면 이상하게 들릴까 봐, 그냥 '별일 없다'고 해요."

그제야 알 수 있었다. 어르신의 '별일 없다'는 인사는 불안을 숨기기 위한 가림막이었다. 혼자 살게 된 두려움이 밤마다 찾아오는 불안으로 이어지고 있었던 것이다.

나는 혼자 판단하지 않고, 그날의 관찰 내용을 기록해서 전담복지사와 상의했다. 아직 전문적인 개입은 이르다는 판단이었지만, 평소보다 조금 더 자주 안부를 확인하고, 안정감을 줄 수 있는 방법을 찾아보기로 했다.

그 뒤로 나는 방문할 때마다 조금 더 여유를 두고 머물렀다. "차라도 드실래요?" 하고 권하며 함께 앉아 있는 시간을 늘렸다. 말은 길지 않았지만, 차를 마시는 동안 어르신의 어깨가 조금씩 내려왔다. 손끝의 떨림도 점차 줄어들었다.

몇 주가 지난 어느 날, 어르신은 이렇게 말씀하셨다.

"혼자 있을 때는 괜히 신경이 곤두서는데, 사람이 곁에 있으니까 마음이 좀 놓여요. 선생님이 와서 그냥 함께 있어주는 것만으로도 집이 따뜻해지는 기분이에요."

그 말은 불안이 완전히 사라졌다는 뜻은 아니었다. 하지만 누군가 곁에 있다는 단순한 사실이 어르신께 작은 안정을 주고 있다는 점만큼은 분명했다. 말로 다 표현되지 않는 불안도, 묵묵히 곁을 지키는 시간 속에서 조금씩 가벼워질 수 있다는 것을 알게 되는 순간이었다.

돌봄의 감각

이 사례에서 돌봄제공자는 어르신의 "별일 없다"는 말에만 의존하지 않고, 손끝의 떨림과 반복되는 문단속 같은 작은 행동 속에서 불안의 신호를 알아차렸습니다.

노년기의 불안은 상실과 고립, 신체적 취약감, 밤의 고독 같은 여러 요인에서 비롯됩니다. 특히 배우자를 잃은 후 혼자 살게 된 어르신들에게는 안전에 대한 불안이 문단속 확인이나 경계심 등으로 나타날 수 있습니다.

따라서 돌봄제공자는 말보다 몸짓과 생활의 흔적을 세심히 살펴야 합니다. 때로는 특별한 조치보다 곁에 머무는 시간이 어르신의 불안을 완화하는 가장 큰 힘이 되기도 합니다.

포인트 박스

· 같은 말을 반복하는 어르신일수록, 그 안에 다른 감정이 숨어 있을 수 있습니다.
· 돌봄은 말보다 '말의 틈'을 읽는 감각에서 시작됩니다.

마음에 남은 한 줄

"'별일 없다'는 말이, 사실은 별일이 있다는 신호였다는 걸 조용한 손끝이 먼저 말해주었습니다."

돌봄현장 실전 팁

"어르신이 반복적으로 불안을 숨기려 할 때, 어떻게 대응할 수 있을까요?"

1. 말보다 행동을 관찰하기

- 이유: 어르신은 '별일 없다'고 말할 수 있지만, 몸짓과 생활환경이 진짜 신호를 보여줍니다.
- 방법: 손끝의 움직임, 집안 정리 상태, 표정 변화를 기록하며 작은 이상을 놓치지 않습니다.

2. 환경과 말투로 안정감 만들기

- 이유: 불안 완화의 첫 단계는 물리적. 심리적 안정감입니다.
- 방법: 조도·온도·소음을 정돈하고, 현관·창문 잠금을 함께 확인한 뒤 "오늘도 안전합니다."처럼 짧게 언어화합니다.

3. 불안을 설명보다 함께 있는 시간으로 안정감 주기

- 이유: 말로 불안을 해결하지 못해도, 누군가 곁에 있다는 안정감이 불안을 완화시킵니다.
- 방법: 차를 권하며 함께 앉아 있는 등 작은 일상 행동으로 '안심할 수 있는 시간'을 제공합니다.

4. 전문 개입 여부를 판단해 공유하기

- 이유: 불안이 장기간 심화되면 전문적 지원이 필요합니다.
- 방법: 2주 이상 불안·수면장애·일상기능 저하가 보이면 전담복지사와 상의해 지역상담·정신건강 서비스로 연계합니다.

주의할 점

- 손짓이나 표정 같은 작은 변화는 단편적으로 해석하지 말고, 그 변화가 나온 상황 전체를 함께 살펴봅니다.
- '별일 없다'는 말 뒤에 숨은 감정은 시간을 두고 자연스럽게 드러나도록 기다립니다.
- 불안한 표현을 들었을 때는 가볍게 넘기지 말고, 공감의 말로 안정감을 전합니다.

4장 마무리

우리의 하루는 말보다 먼저 도착한 마음을 알아채는 일입니다. 크게 들리지 않아도, 조용히 흔들리는 숨결을 따라가다 보면 그 안에 오래 감추어둔 마음이 살며시 고개를 내밉니다.

우리가 듣는 것은 단순한 언어가 아닙니다. 손끝의 떨림, 잠시 멈춘 시선, 치워지지 않은 밥상, 말라버린 화분 같은 조용한 신호들입니다. 그 작은 징후들을 놓치지 않으려는 태도가 곧 우리의 귀이자 눈이 됩니다.

돌봄은 듣는 것만으로 이루어지지 않습니다. 일상의 틈새를 읽고, 보이지 않는 마음의 결을 어루만지는 일입니다.

말하지 않아도 전해지는 언어를 알아채고, 조용히 곁에 머물러 주는 것. 그때 비로소 어르신의 마음은 다시 하루를 살아낼 힘을 얻습니다.

지역사회와 손잡기

우리의 따뜻한 손길이 닿지 않는 순간들이 있습니다. 그럴 때, 우리는 연결의 힘을 믿습니다.

어떤 어려움은 함께 손을 맞잡을 동료가 필요하고, 어떤 일은 제도의 뒷받침이 있어야 한결 가벼워집니다.

돌봄은 늘 예상치 못한 문제들을 드러냅니다. 사소한 불편이 깊은 고립으로 이어지기도 하고, 작은 무력감이 하루를 무너뜨리기도 합니다. 우리의 역할은 그 모든 징후를 혼자 감당하는 것이 아니라, 그 신호를 알아채고 지역사회와 이어주는 다리가 되는 일입니다.

이 장에서는 그렇게 발견한 작은 징후들이 어떻게 연결로 이어졌는지, 그리고 그 연결이 다시 삶의 하루를 일으킨 기록들을 펼쳐보려 합니다.

사례1. 밥 한 그릇에 담긴 연결

식사의 무너짐에서 시작된 회복

80대 후반의 ○○○어르신은 지병인 천식으로 늘 숨이 가쁘셨다. 최근 독한 감기를 앓은 뒤로는 기력과 식욕이 눈에 띄게 떨어져, 방문할 때마다 겨우 몸을 가누며 문을 여시는 모습이 안타까웠다.

수척해진 얼굴과 힘없는 발걸음은 단순한 기력 저하가 아님을 보여주고 있었다.

주방에는 자녀들이 놓고 간 반찬과 국이 냄비마다 그대로 있었다. 어르신은 늘 "이따가 먹을게요."라고 말씀하셨지만, 며칠이 지나도 손댄 흔적은 거의 없었다.

나는 직감했다. 어르신은 단순히 입맛이 없는 것이 아니라, 식사 한 끼를 해낼 힘조차 없는 위기 상황에 놓여 있었던 것이다. 이대로라면 영양 부족으로 천식마저 악화될 수 있는 심각한 상황이었다.

그날도 어르신은 "괜히 폐만 끼쳐요. 이따가 혼자 먹을게요."라며 미안한 마음을 내비치셨다. 그러나 나는 당장 뭔가라도 드시게 해야겠다는 생각이 들었다. 냄비에 남아 있던 국을 데워 밥을 말아 작은 그릇에 담아드렸다.

잠시 망설이던 어르신은 이내 숟가락을 들어 천천히 국밥을 드시기 시작했다. 나는 곁에 앉아 조용히 지켜보며, 마지막 숟가락을 내려놓을 때까지 함께했다.

"간만에 밥맛을 느껴보네. 덕분에 기운이 나는 것 같아요."

어르신이 건넨 이 한마디에는 그동안의 기력 빠짐과 버티기 힘든 나날이 담겨 있었다. 어르신을 일으킨 것은 밥 한 그릇이 아니라, 곁에서 챙겨주는 손길과 곁을 지켜준 따뜻한 마음이었다.

나는 곧바로 어르신 자녀들과 연락해 현재 상태의 심각성을 설명했다. 그리고 어르신의 동의를 받아 장기요양등급 신청을 서둘렀다.

이후 요양보호사의 정기적인 돌봄이 이어졌고, 지금 어르신은 규칙적인 식사와 투약으로 건강을 되찾고 계신다.

이 경험은 나 혼자만의 힘으로 모든 것을 해결할 수 없고, 진정한 돌봄은 위기의 순간 신호를 알아채고 사람과 제도를 이어주는 손길 속에 있다는 것을 깨닫게 했다.

그렇게 연결의 힘을 믿게 된 나는 돌봄의 현장에서 한층 더 성장할 수 있었다.

돌봄의 감각

이 사례에서 보듯, 연결은 작은 행동에서 시작됩니다. 돌봄제공자는 어르신의 식사 거부와 쇠약해지는 일상을 위기의 신호로 감지했습니다.

서둘러 돕겠다는 조바심이 아니라, 함께 식사 리듬을 회복하고자 하는 작은 실천에서 출발했습니다. 그 실천이 가족과 제도를 연결하는 다음 단계로 이어졌습니다.

돌봄제공자의 역할은 때로 '판단자'가 아니라, 징후를 감지하고 연결하는 사람이어야 합니다. 밥 한 그릇을 함께한 마음이, 또 다른 돌봄의 손길로 이어진 것입니다.

포인트 박스

- 식사와 기력이 무너지는 순간은 돌봄의 연결이 필요하다는 신호입니다.
- 돌봄제공자는 모든 것을 혼자 해결할 필요가 없습니다. 함께 돌보는 구조를 잇는 것 또한 전문성입니다.
- 자녀와의 정보 공유, 제도 연계는 한 번의 도움으로 끝나지 않고 이어지는 돌봄으로 만드는 전략입니다.

마음에 남은 한 줄

"따끈한 국밥을 드신 뒤 어르신의 '기운이 좀 나네'라는 말이, 연결의 시작이었습니다."

돌봄현장 실전 팁

"식사량이 줄고 기력이 쇠한 어르신, 돌봄제공자는 어떻게 대응해야 할까요?"

1. 식사의 흔적을 관찰하기

- 이유: 질문만으로는 실제 식사 여부를 확인하기 어렵습니다.
- 방법: 냄비 상태, 반찬 변질 여부, 상차림 변화 등 생활 속 단서를 세심하게 살펴봅니다.

2. 식사 리듬 회복의 동반자로 머무르기

- 이유: 단순히 한 끼를 챙겨드리는 것보다 스스로 식사하는 흐름을 회복해야 지속됩니다.
- 방법: 간단한 죽이나 따뜻한 차를 함께 나누며 자연스럽게 식사 시간을 이끌어 줍니다.

3. 역할 범위를 지키며 필요한 연결 시도하기

- 이유: 모든 돌봄을 혼자 책임지려 하면 업무가 과중해지고 돌봄 서비스의 균형이 무너집니다.
- 방법: 요양등급 신청, 보호자와의 정보 공유 등은 기관과 협의해 절차에 맞춰 진행합니다.

4. 무기력의 원인을 폭넓게 살피기

- 이유: 식사 감소는 질병, 정서, 환경 등 여러 요인이 겹쳐 나타날 수 있습니다.
- 방법: 피로나 우울뿐 아니라 질병 가능성까지 열어두고, 관찰과 대화를 함께 이어갑니다.

5. 작은 실천을 큰 연결로 이어가기

- 이유: 작아 보이는 실천이 가족·제도와의 연결로 확장될 수 있습니다.
- 방법: 죽 한 그릇 같은 작은 시작도 기록으로 남기고, 다음 단계 연계를 놓치지 않습니다.

주의할 점

- 식사 지원의 범위를 명확히 지켜, 돌봄제공자의 지속 업무가 되지 않도록 합니다.
- 식사량 감소의 원인을 한 가지로 단정하지 않고, 다양한 가능성을 열어둡니다.
- 가족이나 제도와 연계할 때는 반드시 어르신의 동의를 얻고 진행합니다.
- 상황을 전달할 때는 필요한 정보만 공유하며, 사적 내용이나 감정표현을 절제합니다.
- 제도 연계가 이루어진 후에도 초기 회복 과정의 정서 지원을 꾸준히 이어갑니다.

사례 2. "보송보송한 연결"
세탁기 앞에서 발견한 삶의 무게

○○○ 어르신은 여든을 훌쩍 넘긴 고령임에도 늘 "다른 분들 돌보기에도 바쁘시잖아요. 저는 크게 신경 안 써도 돼요."라고 말씀하셨다. 겉으로는 괜찮다고 하셨지만, 그 조심스러운 태도에는 오히려 혼자 감내해야 하는 어려움이 묻어 있었다.

그날도 평소처럼 어르신 댁을 찾았는데, 현관문을 여는 순간 코끝을 스치는 눅눅한 냄새가 심상치 않았다. 그것은 단순한 빨래 냄새가 아니라, 마르지 못한 빨래에 스며든 일상의 고단함이 묻어 나오는 냄새였다.

무심코 집안을 둘러보니 세탁기 앞에는 축축한 이불이 덩그러니 놓여 있었고, 한쪽 구석에는 빨래 더미가 쌓여 있었다.

어르신은 겸연쩍다는 듯 웃으며 말씀하셨다. "세탁기는 있지만, 빨래를 돌리는 게 너무 힘들어서요. 무릎도 안 좋아서 꺼내 널기도 어렵고, 그냥 쌓아두다 보니 이렇게 됐네요."

나는 직감했다. 이것은 단순한 청결의 문제가 아니라, 어르신의 일상이 서서히 무너지고 있다는 작은 신호였다. 어르신의 자존감을 건드리지 않도록 조심스럽게 말을 건넸다.

"어르신, 혹시 지역에서 운영하는 '뽀송뽀송 빨래방' 서비스를 아세요? 무거운 빨래는 집에서 수거해 깨끗하게 세탁한 후 다시 집까지 가져다 드린다고 합니다. 이불처럼 큰 빨랫감에 특히 좋은 서비스예요."

어르신은 잠시 놀란 듯하시더니 뜸을 들이다가 조용히 말씀하셨다.

"그럼… 혹시 이불 하나만 부탁드려도 될까요?"

나는 즉시 서비스를 신청했다. 며칠 뒤 내가 다시 방문했을 때, 깨끗하게 세탁된 이불이 어르신 댁에 도착해 있었다. 어르신은 귀하게 아끼는 물건을 다루듯 햇볕 냄새가 나는 하얀 이불을 조심스럽게 펼쳐 보이셨다.

"이렇게 깨끗한 이불을 덮어보는 것이 얼마 만인지 모르겠어요. 냄새도 안 나고, 잠도 훨씬 잘 와요."

그 말에는 세탁된 이불에 대한 만족감뿐 아니라, 오랫동안 혼자 해결하지 못했던 불편함이 해소되었을 때의 안도감이 배어 있었다. 무엇보다 "나 혼자 살아도 누군가 내 불편을 살펴주는 사람이 있구나"라는 생각이 눅눅했던 어르신의 마음을 뽀송하게 바꾸어 놓는 힘이었다.

때로 가장 필요한 돌봄은 거창한 서비스가 아니라, 혼자 힘으로 해결하기 어려운 일상의 작은 어려움을 함께 발견하고 풀어주는 연결의 힘이다.

돌봄의 감각

이 사례에서 보듯, 연결은 작은 행동에서 시작됩니다. 돌봄제공자는 단순히 '빨래가 쌓였다'는 사실을 넘어, 생활 리듬이 무너지고 있음을 감지했습니다. 노년기의 세탁은 체력뿐 아니라 의욕과도 직결되기에, 작은 불편이 곧 몸과 마음의 신호가 될 수 있습니다.

돌봄제공자는 어르신의 자존감을 지키며 외부 서비스를 연결해 부담 없이 받아들이도록 했습니다. 중요한 것은 문제 해결 자체보다, 어르신이 불편을 편안히 말할 수 있도록 대화의 문을 여는 감각입니다.

포인트 박스

- 세탁·청소 문제는 신체·정서 기능 저하의 신호일 수 있습니다.
- 어르신의 자존감을 해치지 않는 제안 방식이 중요합니다.
- 지역 자원과의 연계는, 혼자 해결하기 어려운 문제를 함께 풀어가게 합니다.

마음에 남은 한 줄

"혼자 살아도 누군가 내 불편을 살펴줄 때, 삶은 한결 따뜻해집니다."

돌봄현장 실전 팁

"어르신 댁에서 생활 기능 저하의 신호를 어떻게 발견하고 연결할까요?"

1. 공간의 변화를 먼저 살피기

- 이유: 생활 리듬이 무너지는 초기 신호는 어르신의 말보다 환경에서 먼저 드러납니다. 세탁물 방치, 곰팡이 냄새, 눅눅한 공기, 쓰레기 미수거 등은 신체 기능 저하나 의욕 감소의 신호일 수 있습니다.
- 방법: 1) 방문 직후 현관, 거실, 주방, 욕실을 가볍게 훑어봅니다.
  예) "이불이 젖어 있네요. 세탁하기 어려우셨나 봐요."처럼 판단이 아닌 관찰을 담아 말하는 것이 좋습니다.
  2) 냄새나 습도, 시각적인 변화는 메모해 두어 누적 관찰 자료로 활용합니다.

2. '도와드릴까요?'보다 '이런 지원이 있어요'로 시작하기

- 이유: '도와준다'는 표현은 때로 의존감을 유발하거나 자존감을 건드릴 수 있습니다.
- 방법: 1) 서비스의 편리함과 안전성을 먼저 설명합니다.
  예) "집으로 가져가서 뽀송하게 세탁해 다시 가져다주는 서비스가 있어요. 저도 어르신 생각이 나서 한번 말씀드려요."
  2) 선택권을 어르신께 드리되, "한 번만 시도해 보시겠어요?"처럼 부담 없는 제안으로 마무리합니다.

3. 작은 성공 경험으로 연결 확장하기

- 이유: 한 번의 긍정적인 경험은 이후 다른 지원 서비스 수용성을 높입니다.
- 방법: 1) 세탁·청소·간단한 물품 지원처럼 비교적 거부감이 적은 영역부터

시도합니다.
2) 성공 경험 후, "지난번 세탁 서비스 괜찮으셨죠? 혹시 이런 지원도 받아보시면 좋을 것 같아요."처럼 점진적으로 연결 범위를 넓힙니다.
3) 결과를 전담복지사와 공유해, 추가 서비스나 장기적인 지원 계획으로 이어가도록 합니다.

4. 기록과 공유로 같은 불편이 되풀이되지 않도록 하기

· 이유: 일회성 지원에 그치면 같은 문제가 반복될 수 있습니다.
· 방법: 1) 관찰 내용(환경, 어르신 반응, 서비스 효과)을 앱이나 업무일지에 상세 기록합니다.
2) 전담복지사와 공유 시에는 '현장 상황 + 어르신 의사 + 서비스 효과' 3가지를 함께 보고합니다.
예) "이불 세탁 후 수면 질이 좋아졌다고 하심. 같은 서비스 분기 1회 이상 필요할 것으로 보임."

주의할 점

· 세탁물 방치나 냄새 같은 변화에 대해 청결 상태를 지적하거나 부정적으로 평가하지 않아야 합니다.
· '제가 다 해드릴게요'처럼 전적으로 대신해 주는 표현은 자존감을 상하게 하거나 의존을 높일 수 있으므로 피해야 합니다.
· 서비스 이용을 권유할 때, 의사를 존중하며 필요와 속도에 맞춰 제안을 조율합니다.
· 지원이 마무리된 후에도 정서적 안정을 살피며 관계를 이어갑니다.

사례 3. 놓친 빈틈을 메우다

지역사회와의 연결이 채워준 마음의 허기

겨울이 깊어가던 어느 날, 정기 방문을 위해 ○○○ 어르신댁을 찾았다. 현관문 앞에는 며칠째 치우지 않은 재활용 쓰레기가 쌓여 있었고, 집안에서는 인기척조차 느껴지지 않았다. 불안한 마음에 문을 두드리며 조심스럽게 어르신을 불러보았다.

오랜 침묵 끝에 어르신께서 힘겹게 문을 열어주셨다. 두꺼운 겉옷을 껴입고 계셨지만 손끝은 차가웠고, 실내는 난방이 되지 않아 매우 추웠다. 부엌에는 차갑게 식은 국과 굳어버린 밥 한 그릇이 그대로 놓여 있었다.

어르신은 애써 괜찮은 듯 “그냥 입맛이 없어서요.”라고 말씀하셨지만, 그 모습은 끼니를 제대로 챙기지 못하고 계신다는 것을 분명히 보여주었다.

나는 직감했다. 이것은 단순한 식사 문제가 아니라, 어르신이 겪고 계신 어려움이 혼자서 해결할 수 있는 범위를 넘어섰다는 신호였다. 이런 상황은 개인이 감당할 일이 아니었다.

즉시 기관에 상황을 보고했고, 팀원들과 함께 연계 방안을 논의했다. 다행히 지역 적십자 봉사대와의 협력이 가능했고, 곧바로 긴급 식사 지원을 요청했다.

다음 날 아침, 봉사대에서는 직접 만든 따뜻한 반찬을 어르신 댁에 전달해드렸다. 즉각적인 지원 덕분에 어르신의 표정은 전날보다 훨씬 밝아져 있었다. 당장 끼니를 해결할 수 있게 되었다는 사실만으로도 큰 안도감을 느끼시는 듯했다.

며칠 후 다시 찾아뵈었을 때, 어르신은 창밖을 바라보며 조용히 말씀하셨다.

"나는 그냥 세상에서 잊힌 사람인 줄 알았어요."

그 한마디에 어르신의 마음이 고스란히 담겨 있었다.

이 사례는 단순히 식사를 제공한 이야기가 아니다. 어르신이 혼자 외롭게 버티고 계셨던 마음의 빈틈을 발견하고, 그것을 사회적 안전망으로 연결하여 존재의 가치를 다시 확인해 드린 과정이었다.

연결이란 단순한 자원 전달이 아니라, 한 사람의 존재를 세상의 따뜻함 속으로 다시 불러오는 힘이다.

돌봄의 감각

이 사례는 돌봄제공자가 발견한 '위기'에 적절한 외부 자원을 연결함으로써 빈틈을 메운 경험입니다. 중요한 것은 '도와줘야 한다'는 책임감보다 혼자 감당하지 않고 함께 논의하는 감각입니다.

돌봄제공자는 직접 해결하려 늘기보다, 내부 공유를 통해 빠르고 적절하게 지역의 손길을 연결할 수 있었습니다.

그 연결은 단지 끼니를 채운 것에 그치지 않고, "누군가 나를 기억하고 있었다"는 감각을 어르신께 남겼습니다. 그것이 돌봄의 본질인 '존재의 회복'을 보여주는 순간입니다.

포인트 박스

· 자원이 닿는 속도보다, 누군가 연결하려 했다는 사실 자체가 위로가 될 수 있습니다.

마음에 남은 한 줄

"지원보다 먼저 필요한 것은, '당신을 잊지 않았습니다.'라는 말 없는 손길이었습니다."

돌봄현장 실전 팁

"쌓인 재활용 쓰레기, 멈춘 난방… 빈틈을 발견했다면, 어떻게 반응할까요?"

1. 혼자서 모두 해결하려 하지 않기

· 이유: 이상 징후를 발견했을 때 혼자 해결하려 하면 놓치는 부분이 생기고, 대응 속도와 정확성이 떨어질 수 있습니다.
· 방법: 기관에 즉시 공유하고, 팀 논의를 거쳐 연계 요청까지 이어지는 절차를 밟습니다.

2. 생활 흔적을 위기의 신호로 읽기

• 이유: 쌓인 재활용 쓰레기, 꺼진 난방, 굳은 밥 한 그릇은 단순한 방치가 아니라 정서적 고립의 단서일 수 있습니다.
• 방법: 눈에 보이는 환경 변화를 기록하고, 원인을 파악할 수 있는 대화를 시도합니다.

3. '직접 도움'보다 '연결의 매개'로 움직이기

• 이유: 돌봄제공자의 직접 지원에는 한계가 있으며, 적절한 자원을 연결하는 것이 더 지속 가능한 도움을 만듭니다.
• 방법: 적십자, 복지관, 봉사단체 등 지역 자원 목록을 평소에 숙지하고, 어르신과 자원을 연결하는 다리 역할을 합니다.

4. 지원 후 마음의 변화를 살피기

• 이유: 실질적 도움만으로는 '잊히지 않았다는 감각'을 충분히 전달하지 못할 수 있습니다.
• 방법: 지원 후 어르신의 표정, 대화 내용을 통해 정서적 수용 여부를 확인합니다.

5. 돌봄의 본질을 '존재를 기억하고 관계를 잇는 일'에 두기

• 이유: 돌봄은 단순히 돕는 일이 아니라, 한 사람의 존재가 잊히지 않게 이어주는 일입니다.

· 방법: 어르신의 이름을 부르고, 그분의 일상을 기억하며 대화할 때 관계는 다시 이어집니다.

주의할 점

· 위기 징후를 발견했을 때는 당황하지 말고, 차분한 태도로 응합니다.
· 환경 변화나 위기 징후를 어르신 앞에서 놀란 표정이나 부정적인 어투로 표현하지 않습니다.
· 어르신의 의사와 동의를 존중하며, 개인상황은 필요한 범위 안에서만 공유합니다.
· 지원이 이루어진 뒤, 이를 일방적으로 '해결 완료'로 판단하고 관계를 바로 느슨하게 하지 않으며 정서적 안정을 살핍니다.

5장 마무리

우리는 누군가의 하루를 혼자 지켜내는 사람이 아니라, 함께 건네는 손길을 잇는 사람입니다. 돌봄제공자의 돌봄은 '모든 걸 다 해주는 일'이 아니라, '도움이 닿을 수 있게 다리를 놓는 일'입니다.

한 사람 곁에 머물며 손을 잡아주고, 또 다른 누군가의 손을 맞잡을 때 비로소 돌봄은 이어집니다. 그 연결의 손길은 눈에 잘 드러나지 않지만, 어르신의 식탁을 다시 차리게 하고, 눅눅한 하루를 환하게 말려주며, 잊힌 줄 알았던 마음에 온기를 불어넣습니다.

우리의 역할은 세심한 관찰에서 시작해 지역사회의 지원으로 이어지고, 다시 어르신의 삶을 지탱하는 힘으로 확장됩니다. 그렇게 연결된 손길들이 모여, 혼자서는 지켜낼 수 없던 하루가 다시 움직이기 시작합니다.

돌봄은 결국 '함께하는 일'입니다. 혼자가 아닌 우리가 만든 연결 위에서, 어르신의 일상은 다시 흐르고, 돌봄은 더욱 단단히 완성됩니다.

Part 2.
나를 돌보는 힘

내 마음을 돌보는 일은

흩어졌던 내가

다시 한곳에 서는 일입니다.

돌봄제공자의 마음은 흔들림에 노출되기 쉽습니다. 그러나 잠시 멈추어
나를 살피는 순간, 다시 어르신 곁을 지킬 힘이 생깁니다.

내 마음을 돌보는 일, 그것이 곁을 오래 지키는 가장 단단한 뿌리가 됩니다.

돌봄현장 속 마음 들여다보기

우리는 매일 누군가의 감정을 돌보며 일합니다. 하지만 정작, 내 마음은 지금 어디쯤 와 있는지 조용히 물어본 적이 있었을까요?

말 한마디가 오래 마음에 남기도 하고, 표정 하나에 괜히 주눅이 들기도 합니다. 누군가는 조언이라 말했지만 나는 지적으로 들렸고, 누군가는 걱정이라 했지만 나는 부담처럼 느꼈습니다. 일보다 더 힘든 것은, 그 말에 오래 머무는 내 마음의 반응입니다.

표현되지 않은 감정이 관계 속에 조용히 쌓이면 그 무게는 우리를 천천히 짓눌러 깊은 피로와 감정 소진으로 이어지기도 합니다. 돌봄의 일은 결국, 감정을 다루는 일이기 때문입니다.

이 장에서는 내가 조금 움츠러들었던 순간들, 괜히 더 잘하고 싶었던 마음, 그리고 말하지 않았지만 오래 남았던 감정들을 천천히 들여다보려 합니다.

사례 1. "내 기준은 틀린 걸까?"

동료의 '선한 의도'가 불러온 복잡한 감정

이 선생님은 우리 기관에서 가장 경력이 많은 돌봄제공자였다. 어르신들 사이에서도 평판이 좋았고, 동료들 역시 "저 선생님은 정말 잘하시잖아."라고 인정하는 분위기였다.

그러던 어느 날, 마음이 복잡해진 계기가 있었다. 내가 담당하는 ○○○ 어르신의 무심한 한마디 때문이었다.

"이웃집 할머니가 그러시던데, 자기 담당 선생님은 장도 대신 봐주시고 청소도 꼼꼼히 해주신대요. 저는 왜 늘 같이 가자고만 해요?"

○○○ 어르신은 무릎이 좋지 않아 마트까지 가는 길을 힘겨워하신다. 그래서 나는 늘 이렇게 말씀드렸다.

"천천히 함께 가보실까요? 저는 곁에서 도와드릴게요."

그런데 이웃 어르신은 담당 선생님이 동행하지 않고 직접 장을 봐주신다는 것이었다. 사실 나도 몇 번은 '내가 대신 다녀오면 편하실 텐데.'라는 생각을 한 적이 있다.

하지만 나는 기본적으로 '대신해드리기보다는 함께하는 방식'을 원칙으로 삼아

왔다. 서비스 계획서 역시 어르신의 잔존능력 유지를 위해 장보기를 '동행 지원'으로 안내하고 있었다.

그러나 담당 어르신께서 이웃 어르신과 비교하여 말씀하시니 순간 마음이 혼란스러웠다. '내가 너무 원칙만 따지는 건 아닐까?', '이 선생님의 방식이 어르신에게 더 편하고 만족스러울 수도 있겠지….'

며칠 뒤, ○○○ 어르신이 다시 말씀하셨다.

"다른 선생님은 청소도 다 해주신다던데요…."

어르신마다 상황과 돌봄의 우선순위가 다르다는 걸 알면서도 그 말은 나를 잠시 흔들었다. 마치 내가 덜 해드리는 사람처럼 느껴졌기 때문이다. 그 순간, 예전에 들었던 한 어르신의 말씀이 떠올랐다.

"선생님은 늘 똑같이 말씀해 주셔서 좋아요. 무엇을 도와주시고 어떤 건 스스로 해야 하는지 알 수 있어서 편해요. 선생님마다 어떤 날은 해주시고, 또 다른 날은 안 해주시면 괜히 기대했다가 실망할 때가 있어요."

그 말을 떠올리자, 지금 느끼는 복잡한 감정의 이유가 조금씩 선명해졌다. 이 선생님의 선의는 분명 귀하다. 하지만 기준이 제각각이면 어르신들 사이에 비교와 서운함이 생길 수 있다. 누군가는 '더 많이 해주는 선생님'으로 보일 수 있지만, 또 다른 어르신에게는 '덜 받는 느낌'을 남길 수 있다. 나는 내 방식을 지키기로 했다. 일관된 기준은 단순한 원칙에 그치지 않는다. 어르신이 돌봄의 범위를 알고 안심하게 되는 신뢰의 바탕이 된다.

돌봄의 감각

돌봄 현장에서는 동료들마다 서비스 방식이 달라질 수 있습니다. 누군가는 더 많이 해드리려 하고, 누군가는 원칙을 더 분명히 지키려 합니다. 두 방식 모두 어르신을 향한 마음에서 비롯되지만, 이 차이가 때로는 현장에서 작은 갈등의 씨앗이 되기도 합니다.

이때 중요한 것은 개인의 선의보다 제도적 형평성입니다.특정 어르신에게만 더 많은 서비스를 제공하면 다른 어르신은 상대적 박탈감을 느낄 수 있습니다. 또한 기준이 일관되지 않으면 어르신들은 혼란을 겪고, 돌봄제공자 역시 부담이 커질 수 있습니다. 일관된 기준은 어르신 모두에게 '예측 가능한 돌봄'이라는 안정감을 제공합니다. 그리고 그 안정감이 결국 신뢰를 만드는 힘이 됩니다.

포인트 박스

- 개인의 선의도 중요하지만, 제도적 형평성이 우선입니다.
- 일관된 기준은 모든 어르신에게 공정하고 예측 가능한 돌봄을 보장합니다.
- 동료의 방식에 흔들리지 않고 내 기준을 지키는 힘이 전문성입니다.

마음에 남은 한 줄

"원칙은 벽이 아니라, 모든 어르신을 위한 공정한 울타리입니다."

돌봄현장 실전 팁

"동료의 돌봄 방식이 내 기준과 다를 때, 어떻게 중심을 지킬까요?"

1. 어르신의 '비교 표현'에 흔들리지 않기

· 이유: 비교에 반응하면 기준이 무너지고 형평성에 문제가 생깁니다.
· 방법: "선생님마다 조금씩 방식이 다를 수 있어요. 저는 이렇게 도와드리고 있습니다."→ 동료를 언급하지 않고, 나의 방식을 차분하게 설명합니다.

2. 원칙 안에서 최대한 배려하기

· 이유: 원칙만 강조하면 차갑게 느껴질 수 있습니다.
· 방법: 장보기 동행 시 천천히 걷기, 무거운 물건 함께 들기, 정리 도와드리기처럼 원칙을 지키면서도 따뜻함을 잃지 않는 방식으로 돕습니다.

3. 동료와 불필요한 갈등 피하기

· 이유: 기준 불일치는 어르신에게 혼란을 줍니다.
· 방법: 어르신 앞에서는 동료를 언급하지 않고, 상황이 누적될 때는 팀 안에서 조용히 논의합니다.

주의할 점

· 어르신 앞에서는 동료 비교나 평가를 삼갑니다.
· 기준을 일관되게 유지하며, 상황에 따라 흔들리지 않도록 합니다.
· 규정 자체보다 그 이유를 설명하는 방식이 어르신의 납득을 돕습니다.
· 서로의 방식 차이를 이해하고 존중하는 태도를 유지합니다.

사례 2. 거울이 된 내 마음

"이 감정, 정말 내 것일까?" – 어르신의 마음이 나에게 스며드는 순간

오늘도 어르신 댁을 나서는 길, 가슴 한편이 답답했다. 어르신은 "아무도 날 찾지 않아. 죽어도 모를 거야."라며 또 한 번 한숨을 내쉬셨다.

"어르신, 제가 있잖아요."라고 말했지만, 그 순간 어르신의 눈빛에 더 깊은 외로움이 번지는 게 보였다. 내 말이 닿지 않았다는 걸 느꼈다.

그 뒤로는 어르신의 이야기를 끝까지 듣는 데 집중했다. 말씀 사이사이로 오래 머물러 있던 외로움이 조용히 전해졌고, 그 감정은 들을수록 내 안으로도 천천히 스며들었다.

최근 들어 어르신은 기억이 흐려지고 예민한 날이 많아졌다. 아들은 한 달에 한 번 전화를 하고, 며느리는 연락이 끊긴 상태였다. "내가 뭘 잘못했길래 이렇게 버림받나?"라는 말씀 앞에서는 어떤 위로도 선뜻 건네기 어려웠다.

어르신의 외로움이 마음에 남아, 나는 방문 때마다 더 세심하게 어르신의 표정과 말을 살피게 되었다. 그러다 보니 집으로 돌아와서도 그 무게가 쉽게 가라앉지 않았다. 설명하기 어려운 기운 빠짐이 하루 끝까지 이어지는 날도 있었다.

어느 날 아침, 거울을 보며 나는 멈춰 섰다. 시무룩한 표정, 가라앉은 얼굴빛—어르신의 마음이 그대로 옮겨온 듯한 내 모습이 보였다.

그때 비로소 깨달았다. 어르신의 감정을 '함께 느끼는 것'과 그 감정을 '내 것으로 짊어지는 것'은 전혀 다른 일이라는 것을.

'내가 더 잘해드려야 하는 걸까?' '어르신의 외로움을 어떻게든 덜어드려야 하지 않을까?' 그 고민 속에서 내 마음이 점점 지쳐가고 있었다.

이후로는 방문을 마치고 돌아오는 길마다 차 안에서 잠시 숨을 고르며 마음의 자리를 다시 정리했다. '오늘 어르신은 많이 외로우셨구나. 그리고 나는 그 마음을 충분히 들었다.' 이렇게 스스로에게 말해주면 가슴에 남던 무거움도 조금씩 가라앉았다.

어르신의 아픔에 공감하되, 그 아픔까지 내가 짊어질 필요는 없다는 사실을 천천히 배워가는 시간이었다. 감정의 경계를 지킬 때, 나는 더 오래, 더 건강하게 어르신 곁을 지킬 수 있었다.

돌봄의 감각

돌봄 현장에서는 어르신의 감정이 나도 모르게 내 마음에 스며들 때가 많습니다. 특히 외로움, 죄책감, 분노처럼 강한 감정은 돌봄제공자의 마음속에 오래 머물며 여운을 남깁니다.

이때 중요한 감정기술은 '감정을 덮지 않고 인정하며 머무는 태도'입니다. "그런 말씀 마세요."라는 위로는 따뜻하지만, 실제로는 감정을 다루지 못합니다.

진짜 감정기술은 "외로우셨겠어요."처럼 감정을 인정한 뒤, 그 감정을 내면화하지 않고 일정한 거리에서 바라보는 힘입니다.

어르신의 감정과 나의 감정을 구분해 인식할 수 있을 때, 돌봄제공자는 더 이상 감정의 소용돌이에 휘말리지 않습니다. 그 경계가 바로 '지속 가능한 공감'의 출발점입니다.

포인트 박스

- 감정을 덮지 않고 있는 그대로 인정하는 것이 감정기술의 시작입니다.
- 어르신의 감정과 나의 감정을 구분할 때 공감은 더 오래 지속됩니다.
- 감정의 경계는 냉정함이 아니라, 지속 가능한 따뜻함을 위한 공간입니다.

마음에 남은 한 줄

"감정은 함께 느끼되, 함께 잠기지 않는 연습이 필요합니다."

돌봄현장 실전 팁

"부정적인 감정에 휩쓸리지 않도록 어떻게 중심을 지킬까요?"

1. '나'와 '어르신의 감정'을 명확히 분리하기

- 이유: 감정 전이는 공감 부족이 아니라 과몰입에서 비롯됩니다.
- 방법: 스스로에게 묻습니다. "지금 느끼는 감정은 어르신의 것일까, 나의 것일까?" 감정을 인식하되, 마음까지 함께 무너지지 않도록 경계를 둡니다.

2. 방문 직후 감정 정리 루틴 갖기

- 이유: 감정을 쌓아두면 다음 어르신에게까지 영향을 줍니다.
- 방법: 방문 직후 짧게 호흡을 고르며 스스로에게 말합니다. "어르신은 외로우셨고, 나는 그 마음을 충분히 들었다." 간단한 메모로 '오늘 어르신의 감정과 나의 반응'을 기록합니다.

3. 해결보다 '동행'에 집중하기

- 이유: 어르신의 외로움이나 분노를 완전히 없애는 것은 불가능합니다.
- 방법: 문제를 고치는 것보다 "오늘은 그 마음 곁에 함께 있었어요." 같은 태도로 정서를 지지합니다.

주의할 점

- "괜찮아요, 금방 나아지실 거예요." 같은 빠른 위로보다, 감정을 있는 그대로 인정하는 것이 더 큰 도움이 됩니다.
- 감정 분리는 냉정함이 아니라, 따뜻함을 오래 유지하기 위한 거리두기입니다.
- 감정 전이는 누구나 경험할 수 있는 자연스러운 현상입니다. 이를 억누르기보다, "아, 지금 내가 반응하고 있구나." 하고 알아차리는 것이 중요합니다.
- 감정 다루기는 꾸준한 연습 속에서 조금씩 익숙해집니다. 천천히 나아가면 됩니다.

사례 3. 변하지 않는 현실
그 속에서 결과보다 과정을 지키는 힘

이번 주도 어르신 댁에 들어서자마자 식탁 위 약통이 눈에 들어왔다. 지난주와 똑같은 자리, 똑같이 가득 찬 채로 놓여 있었다.

어르신은 당뇨약과 혈압약을 하루 두세 번 나눠 드셔야 하는데, 자꾸 놓치신다고 하셨다. 처음에는 단순히 '깜빡하시는 것'이라고 생각했다. 그래서 냉장고에 메모를 붙여드리고, 약을 잘 보이는 곳으로 옮겨드렸다. 핸드폰 알람도 설정해드리고, 만날 때마다 "식사 후 30분 뒤에 드시면 돼요."라고 안내해드렸다.

어르신은 "이젠 잊지 않을 거예요."라고 자신 있게 말씀하셨지만 일주일 뒤 다시 방문하면 상황은 늘 똑같았다. 약은 그대로였고, 메모지는 구겨져 있었고, 알람도 꺼져 있었다. '내가 설명을 잘못드린 걸까?' '더 좋은 방법이 있을까?'

그래서 약통을 일주일치로 나눠 정리해드리고, 복용표도 크게 만들어 벽에 붙여드렸다.

하지만 그것도 금방 흐트러졌다. 어르신은 "또 깜빡했네."라며 미안해하셨고, 나는 점점 마음이 답답해졌다. '도대체 어떻게 해야 하지?' '나는 제대로 일하고 있는 걸까?'

어르신이 반드시 약을 드시게 '만들어야 한다'는 압박감이 어느새 내 마음을 무겁게 누르고 있었다. 그러다 어느 순간 깨달았다. 내가 힘든 이유는 '어르신이 약을 안 드셔서'가 아니라, '내가 해결자가 되어야 한다'고 믿고 있었기 때문이었다.

하지만 돌봄제공자의 역할은 약을 챙겨드리는 사람이 아니라, 어르신의 상태를 관찰하고, 기록하고, 필요한 곳에 정확히 연결하는 사람이다. 약을 꾸준히 드시지 않는다는 그 사실 자체가 이미 중요한 정보였다.

그 사실을 받아들이자 마음이 한결 가벼워졌다. 약을 놓치시는 상황이 반복되더라도 이제는 그 내용을 객관적으로 기록해 전담복지사와 관련 기관에 전달한다. 가족에게도 있는 그대로 설명하고, 필요한 지원을 함께 논의한다.

"어르신이 약을 자주 놓치고 계세요. 안내는 드리고 있지만 한계가 있어, 가족분들이 조금 더 확인해 주시면 좋겠습니다."

어르신도 내가 조급해하지 않는다는 것을 느끼셨는지 이후엔 오히려 더 편안해 보이셨다.

"선생님, 또 깜빡했네요."
"괜찮으세요. 제가 확인했고, 가족분께 안내드릴게요."

이렇게 차분히 대답할 수 있었다.

돌봄은 '변화를 만들어내는 일'이 아니라, 그 자리를 지키며 상황을 바라보고 필요한 연결로 이어가는 과정이었다. 그리고 그 과정이 흔들리지 않으려면 내 감정을 살피고 경계를 세우는 힘이 꼭 필요했다.

돌봄의 감각

이 사례에서 돌봄제공자는 처음에는 '문제해결자'가 되려 했습니다. 하지만 약 복용 관리는 의료적 영역이며, 돌봄제공자가 직접 해결할 수 있는 성격의 일이 아닙니다.

정말 중요한 것은 어르신의 복용 상태를 정확히 파악하는 것, 그리고 그 정보를 전담복지사·의료진·가족에게 필요한 방식으로 전달하는 것입니다.

눈에 보이는 변화가 없어도, 꾸준히 관찰하고 기록해 두는 과정 자체가 돌봄의 핵심입니다. 이 과정은 어르신 건강을 위한 작은 기반이 되고, 돌봄제공자가 소진되지 않도록 지켜주는 심리적 경계가 됩니다.

포인트 박스

- 돌봄제공자의 역할은 '문제 해결'이 아니라 '상황 파악'과 '정보 전달'입니다.
- 변화가 보이지 않는 상태도 중요한 정보이며, 이를 정확히 기록하는 것이 전문성입니다.
- 역할의 한계를 받아들이는 것이 오히려 더 효과적인 돌봄에 가깝습니다.

마음에 남은 한 줄

"변화를 만들어내는 것보다, 그 자리에서 꾸준히 지켜보는 것이 진짜 돌봄입니다."

돌봄현장 실전 팁

"약 복용처럼 반복되는 상황에서 무력감을 느낄 때, 어떻게 중심을 지킬까요?"

1. 내 역할의 경계를 명확히 하기

· 이유: 돌봄제공자는 강제 복용이나 의학적 판단을 할 수 없습니다.
· 방법: 1) 할 수 있는 일 — 복용 여부 확인, 안내, 기록, 정보 전달
　　2) 할 수 없는 일 — 강제 복용, 의학적 판단, 약물 관리 책임
　　3) "제가 확인해서 전달해 드릴게요."라고 말하며 역할을 분명히 합니다.

2. 객관적이고 구체적으로 기록하기

· 이유: 주관적 감정보다 객관적 사실이 의료·복지 영역에서 더 유용합니다.
· 방법: 날짜, 시간, 약통 상태, 어르신의 말씀을 그대로 기록합니다.
　　예) "○월 ○일 오전 방문 시 3일치 약 그대로 있음. 어르신 '깜빡했다'고 하심. 안내 후 '이제 먹겠다'고 답변."

3. 정보 전달을 꾸준히 이어가기

· 이유: 정기적 공유가 있어야 대응책을 마련할 수 있습니다.
· 방법: 1) 전담복지사·의료진 등 관련 전문가에게 정기적으로 상황 전달
　　2) 가족에게 월 단위로 복용 상태 공유(비난 없이, 사실 중심)

4. 가족과의 협력 구조 만들기

- 이유: 가족의 협조가 없으면 근본 개선이 어렵습니다.
- 방법: "제가 확인한 상황 을 말씀드릴 테니, 가족분이 함께 체크해 주시면 좋겠습니다."와 같이 정기적인 약통 점검 등 구체적 협력 방식을 제안합니다.

주의할 점

- 어르신에게 약 복용을 강요하거나 추궁하지 않습니다.
- 가족에게 상황을 전달할 때는 비난 없이, 사실 중심으로 공유합니다.
- 눈에 띄는 변화가 없어도 꾸준한 관찰과 기록 자체가 돌봄입니다.

6장 마무리

하루가 끝나고 집으로 향하는 길, 오늘 만난 어르신들의 얼굴이 하나씩 떠오릅니다. 그 장면들 사이사이에 스며든 내 감정들도 함께 따라옵니다.

때로는 무겁고, 때로는 따뜻했던 그 감정들을 억지로 밀어내지 않고 조용히 바라봅니다. '아, 오늘 나는 이런 기분이었구나.' 그저 그렇게, 있는 그대로 인정해 줍니다.

차를 따르고, 창밖을 바라보며 깊은 숨을 한 번 내쉬는 아주 짧은 시간. 그 순간들이 흩어진 마음을 서서히 제자리에 놓아줍니다.

돌봄은 언제나 상대를 향하지만, 나 자신을 돌보는 시간도 필요합니다. 내 마음을 살피는 일은 더 오래, 더 깊이 곁에 머물기 위한 준비이기 때문입니다.

오늘의 감정을 돌보는 일, 그것이 내일의 돌봄을 단단하게 세워줍니다.

정서관리와 자기돌봄 루틴 만들기

우리의 감정은 언제나 말로 다 설명되지 않습니다. 어르신의 짧은 한숨, 무심코 건넨 한마디가 마음을 흔들어도 그것을 다 표현할 수는 없습니다.

돌봄제공자의 하루는 이런 감정의 파도와 함께 흐릅니다. 때로는 어르신의 기운에 반응하고, 때로는 내 안의 작은 떨림을 다독이며 스스로를 붙잡습니다.

그래서 우리는 말보다 먼저 몸을 움직이고, 숨을 고르며, 일상의 작은 루틴 속에서 회복을 찾습니다. 차를 따르거나, 서랍을 정리하거나, 창밖을 바라보는 잠깐의 멈춤 속에서 흩어졌던 마음은 다시 제자리를 찾아갑니다.

이 장은 설명보다 기록에 가깝습니다. 지치지 않고 오래 머물기 위해 쌓아온 작은 회복의 습관들을 펼쳐보려 합니다. 나를 돌보는 힘이야말로 지속 가능한 돌봄을 위한 가장 단단한 뿌리입니다.

사례 1. 화난 듯 보였지만, 그 안에 불안이 있었다

감정의 폭풍 속에서, 나를 먼저 다독이는 기술

○○○ 어르신은 중점돌봄대상자로 지정된 분이었다. 최근 건강이 빠르게 악화되고, 외출도 거의 하지 않다 보니 일상의 작은 변화에도 예민하게 반응하셨다.

스스로 생활의 질서를 하나하나 붙잡으려는 모습에서는 흔들리는 마음을 붙들기 위한 불안의 결이 느껴졌다.

방문 초반, 어르신의 불편한 말이 이어졌다.

"왜 이렇게 늦었어요?"
"다른 선생님은 다 해준다던데, 왜 선생님은 안 해줘요?"

처음에는 그 말들이 '나에게 화난 것'처럼만 느껴졌다. 무엇을 잘못했는지도 모르겠는데 사소한 말투가 따갑게 와 닿았다. 전화를 걸기 전 손끝이 떨리고, 속이 꽉 막히는 듯 긴장이 몰려오기도 했다.

하지만 시간이 지나며 조금씩 보이기 시작했다. 어르신은 화를 내고 싶었던 것이 아니라, 불안과 외로움, 그리고 스스로를 지키기 위한 마지막 힘으로 완강한 말투를 꺼내고 있었던 것이다. 표현할 언어가 부족할 때 감정은 종종 돌처럼 굴러 떨어진다. 그 돌이 때론 나에게 부딪혀 아프게 느껴질 뿐이었다. 그 사실을 깨닫고 나서야 시선이 달라졌다.

'이건 공격이 아니라, 도움을 청하는 다른 방식일 수도 있겠다.'

그 순간부터 나는 '대답'보다 '호흡'을 먼저 챙기기 시작했다. 말을 하기 전, 숨을 천천히 들이마시고 손끝을 한 번 지긋이 눌러 마음의 긴장을 풀었다.

"오늘 많이 불편하셨지요. 제가 도와드릴 수 있는 부분과 기관 기준을 다시 차분하게 설명드릴게요."

그 말투가 어르신의 성난 감정을 즉시 바꿔놓지는 못했다. 하지만 내 안의 흔들림은 전보다 훨씬 잦아들었다.

며칠 뒤 전담복지사에게 상황을 공유하자 이렇게 말했다.

"요즘 어르신이 많이 불안해 보이세요. 선생님처럼 일정한 톤으로 계속 안내드리는 게 오히려 안정감을 줄 거예요. 힘든 순간이 있으면 바로 알려주세요. 같이 확인해 봐요."

그 말을 들으니, 이 상황은 '내가 잘못해서 생긴 일'이 아니라는 것을 다시 확인할 수 있었다.

그 이후로 나는 어르신과의 대화에서 상대의 말에 흔들리는 대신, 내 표정·호흡·말의 속도를 먼저 살폈다. 작은 조절이었지만, 그 작은 조절이 어르신과 나 사이의 긴장을 부드럽게 풀어주었다.

돌봄은 언제나 감정의 경계 위를 걷는다. 불편한 태도와 완강한 말 대부분은 통제력을 잃어가는 불안의 모양일 때가 많다. 상대의 감정을 바꾸는 일보다 내 안에 먼저 공간을 만드는 일이 관계를 오래 지키는 힘이 된다는 것을 그 경험이 조용히 가르쳐주었다.

돌봄의 감각

불편한 감정의 순간, 가장 먼저 다뤄야 하는 것은 상대의 감정이 아니라 '내 반응'입니다. 완강한 말, 서운한 반응, 불편한 말투는 대부분 불안과 통제력 상실이 만들어낸 표현입니다. 이것을 '개인적인 공격'으로 해석하면 돌봄제공자도 함께 흔들릴 수밖에 없습니다.

그러나 잠시 멈추고, 숨을 고르고, 내 안의 불안을 먼저 다독이면 상황을 바라보는 결이 달라집니다. 잠깐의 멈춤, 차분한 말결, 부드러운 시선은 전문가로서의 감정 경계를 지켜주는 중요한 기술입니다.

포인트 박스

· 불편한 요구나 완강한 말은 불안의 표현일 수 있습니다.
· 상대의 감정보다 내 반응을 먼저 다스리는 것이 회복의 시작입니다.
· 감정의 경계를 지키는 기술은 관계를 지키는 힘입니다.

마음에 남은 한 줄

"불편한 말에 흔들리기 전에, 내 숨을 먼저 고르는 것이 감정을 지키는 가장 단단한 방법입니다."

돌봄현장 실전 팁

"불편한 말과 완강한 반응 앞에서, 감정을 잃지 않고 전문가로서의 경계를 유지하려면 어떻게 해야 할까요?"

1. 감정이 아닌 '상황'을 바라보기

· 이유: 불편한 말이 공격처럼 들려도, 실제로는 통제력을 잃은 불안의 표현인 경우가 많습니다. 감정을 '나에게 향한 화'로 받아들이면 즉각 반응하게 되고, 갈등이 커질 수 있습니다.
· 방법: 스스로에게 "지금 이 말은 나에게 화내는 걸까, 아니면 불안 때문에 통제하려는 걸까?"라고 질문해 봅니다. 감정을 '해석'이 아닌 '상황 정보'로 받아들이면서 반응 속도를 늦춥니다.

2. 호흡으로 감정 반응 늦추기

· 이유: 감정은 순간적으로 폭발하지만, 호흡은 감정의 속도를 늦추는 가장 빠른 조절 기술입니다. 호흡이 짧아지면 불안도 커지고, 말투도 날카로워집니다.
· 방법: 대답하기 전 3초 동안 천천히 숨을 들이마신 뒤, 같은 시간 동안 내쉽니다. 말의 속도를 10%만 느리게 해도 표정·톤의 긴장이 풀리고 대화의 공간이 생깁니다.

3. 감정을 정리해 전달하며 경계선 제시하기

· 이유: 상대의 감정을 바로 반박하면 갈등이 커지고, 규정만 강하게 강조하면

어르신의 거부감이 올라갑니다. 감정 요약 → 역할 설명 순서로 말해야 충돌을 막을 수 있습니다.

- 방법: 1) 먼저 감정을 짧게 요약합니다:"오늘 많이 불편하셨지요."
  2) 그다음 경계를 차분하게 설명합니다: "어르신을 돕고 싶지만, 기관의 역할은 여기까지입니다. 이 이상은 안전과 규정상 어려워요."
  3) 요약은 '짧게', 경계는 '선명하게' 전달합니다.

4. 자기 회복 루틴 사용하기

- 이유: 불안한 감정과 완강한 태도는 돌봄제공자의 에너지를 크게 소모합니다. 감정 회복 없이 다음 방문을 이어가면 피로가 누적되어 관계 전체가 흔들릴 수 있습니다.
- 방법: 1) 방문 직후 2~3분이라도 혼자 있는 시간을 확보합니다.
  2) 따뜻한 물 한 모금을 마시거나, 바깥 공기를 쐬며 몸의 긴장을 풀어냅니다.
  3)"지금의 감정은 어르신의 것이고, 나는 최선을 다했다."라는 문장으로 자기경계를 다시 확인합니다.

주의할 점

· 어르신의 말과 행동을 '공격'으로 단정하지 말고, 불안을 표현하는 또 다른 방식으로 해석합니다.
· 반복되는 상황일수록 말은 느리게, 톤은 낮고 안정되게, 내용은 간결하게 전달합니다.
· 규정 설명 시 감정을 무시하지 않고, 짧게 인정한 뒤 역할을 선명하게 안내합니다.
· 감정적 여운이 남을 때는 일과 심리적 거리를 두고, 동료와 필요한 부분만 공유합니다.

사례 2. “사랑합니다”가 사라진 날

말투 하나에 마음이 쓰일 때

○○○ 어르신은 평소 통화만으로도 따뜻한 기운을 전해주시는 분이었다. 전화를 드리면 “선생님, 고마워요. 사랑합니다.”라는 인사를 자연스럽게 건네셨다. 그 인사는 내 하루의 결을 부드럽게 바꿔주는 작은 응원처럼 느껴졌다.

그런데 여름 집중호우로 댁이 침수되는 피해를 겪은 뒤부터 어르신이 건네시는 말의 결이 조금씩 달라지기 시작했다. 목소리에 힘이 빠져 있었고, 예전처럼 여유로운 숨결이 느껴지지 않았다. 그러다 문득, 익숙하던 “사랑합니다.”라는 인사가 들리지 않는다는 사실을 알게 되었다.

막상 그 변화 앞에서는 마음이 잠시 흔들렸다. ‘무슨 일이 있으셨던 걸까?’, ‘지금 어르신의 마음은 어디쯤 와 있을까?’ 답을 알 수 없는 생각들이 조용히 이어졌다.

작은 변화였지만, 그 변화에 반응하는 내 마음이 더 낯설었다. 통화는 점점 필요한 안내만 오가는 형식으로 바뀌었고, 나도 모르게 말에 담기는 온기가 줄어드는 것을 느꼈다. 다른 어르신과의 대화에서도 마음이 예전처럼 가볍게 움직이지 않았다.

며칠 뒤, 피해 복구가 진행 중인 어르신 댁을 다시 찾았다. 거실 한쪽에는 아직 젖은 짐들이 겹겹이 남아 있었고, 습기가 스며든 벽지에서는 흔들린 시간이 고스란히 묻어 있었다. 그 풍경을 바라보니 마음이 정리되기 시작했다.

인사가 사라진 건 마음이 식어서가 아니라, 흩어진 일상을 다시 세우느라 말로 표현할 여유가 잠시 줄어들어 있었던 시간이라는 생각이 들었다.

돌봄은 일처럼 반복되지만, 관계는 감정으로 이어지는 일이다. 어르신의 작은 변화와 함께 그 변화 앞에서 흔들린 내 반응 또한 돌봄의 일부이다.

변화를 서둘러 해석하기보다 그때의 마음을 잠시 바라보는 일이 지치지 않고 오래 머물게 하는 조용한 회복의 힘이라는 점을 그 시간을 지나며 천천히 알게 되었다.

돌봄의 감각

정서 회복의 시작은 흔들리는 감정을 억누르지 않고 그대로 인정하는 데 있습니다. 어르신의 말 한마디, 인사 하나의 변화에도 우리의 마음이 크게 움직이는 이유는 그만큼 관계 속에서 마음을 다하고 있기 때문입니다.

중요한 것은 그 흔들림을 '약함'으로 보지 않는 일입니다. "나는 왜 이렇게 반응했을까?" 하고 감정의 뿌리를 차분히 살펴보는 순간, 마음은 서서히 정돈되기 시작합니다.

또한 어르신의 변화는 나 개인을 향한 것이 아니라, 그분의 상황과 환경에서 비롯된 경우가 대부분입니다. 이렇게 감정의 원인을 구분하며 나를 위한 회복 루틴을 마련해 갈 때, 관계는 작은 변화에 쉽게 무너지지 않고 이어질 수 있습니다.

포인트 박스

· 어르신의 감정 변화에 내가 흔들리는 것은 자연스러운 경험입니다.
· 중요한 것은 그 흔들림을 알아차리고 조용히 회복하는 기술을 갖추는 것입니다.

마음에 남은 한 줄

"어르신의 '사랑합니다'라는 한마디는, 어느새 나에게도 기대가 되어 있었다."

돌봄현장 실전 팁

"작은 변화에 마음이 흔들릴 때, 어떻게 중심을 잡을 수 있을까요?"

1. 감정의 동요를 인정하기

· 이유: 감정을 억누르면 오히려 피로가 깊어집니다.
· 방법: "지금 마음이 불편하구나." 하고 그대로 인정해줍니다.

2. 감정을 인정한 뒤, 상황과 분리하기

· 이유: 어르신의 변화는 일시적 상황일 때가 많습니다.
· 방법: '나에 대한 감정'이 아니라 '상황의 영향'으로 바라보며 구분합니다.

3. 감각을 사용한 회복 루틴 만들기

- 이유: 몸의 작은 움직임은 감정의 리듬을 되돌립니다.
- 방법: 손 지그시 누르기, 창문 열기, 향기 맡기 등 짧고 간단한 루틴을 둡니다.

4. 감정을 혼자 감당하지 않기

- 이유: 말하기만 해도 감정의 무게가 줄어듭니다.
- 방법: 전담복지사나 신뢰할 수 있는 동료에게 상황을 공유합니다.

주의할 점

- 어르신의 일시적 반응에 의미를 과도하게 부여하지 않습니다.
- 감정이 흔들리더라도 말투와 태도의 일관성을 유지합니다.
- 회복 루틴은 업무 범위 안에서 안전하게 실천합니다.
- 동료와의 공유에서는 평가보다 경험과 감정을 중심으로 이야기합니다.
- 어르신의 감정을 존중하며 관계의 흐름 전체를 바라봅니다.

사례 3. 침묵을 채우는 따뜻한 한 잔
차 한 잔, 말보다 먼저 닿은 온기

○○○ 어르신은 말수가 적고 낯가림이 심한 분이었다. 몇 달 동안 방문했지만, 안부 인사 외에는 대화가 거의 이어지지 않았다. 처음엔 그 침묵을 메우려 애썼다.

날씨 이야기부터 건강, 최근 소식까지 여러 이야기를 건네보았지만, 오히려 어색함만 커졌다. 말이 잘 이어지지 않으면 관계도 멈춰버린 것처럼 느껴졌다.

그러던 어느 날 문득 깨달았다. 나는 침묵을 '채워야 할 빈칸'처럼 여기고 있었던 것이다. 사실 어색했던 것은 침묵 자체가 아니라, 그 안에서 드러나는 내 마음의 불안이었다.

그날 이후로 달라지기로 했다. 침묵을 억지로 움직이지 않고, 그 안에서 내 마음이 어떻게 흔들리는지 먼저 바라보기로 했다.

그날도 인사를 드리고 생활점검을 마친 뒤 기록을 하고 있었다. 평소보다 더 긴 침묵이 흘렀지만, 이번엔 조급하지 않았다. 내 호흡을 가다듬고, 같은 공간에 있는 어르신의 기척을 조용히 느껴보기만 했다.

그때 어르신이 잠시 몸을 돌리더니 조심스레 말을 꺼내셨다.

"생강차 끓였어요. 한 잔 하실래요?"

의외였다. 스스로 차를 권하신 건 처음이었다. 나는 놀란 마음을 감추고 부드럽게 대답했다.

"감사합니다. 향이 참 좋네요."

말은 거의 오가지 않았다. 그러나 찻잔을 들고 놓는 작은 움직임이 서먹했던 공간을 부드럽게 데웠다. 따뜻한 잔을 감싼 손끝의 온기가 말보다 먼저 서로에게 닿았다.

그 순간이 알려주었다. 침묵이 불편했던 이유는 어르신 때문이 아니라, 그 고요 속에서 마주하게 되는 내 마음의 흔들림 때문이었다.

그리고 지금은 안다. 말이 없어도, 그 자리에 조용히 머무르는 것만으로 관계가 충분해지는 순간들이 분명히 존재한다는 것을.

그날 이후 나는 작은 다기와 휴대용 찻잔을 가방에 챙기기 시작했다. 어르신이 먼저 물으실 때도 있다.

"오늘은 따뜻한 차 없어요?"

이 작은 루틴은 내 일상에도 변화를 만들어냈다. 혼자 있을 때도 차를 우려내며 나에게 시간을 선물하는 연습이 되었다. 차를 따르고 향을 맡고 손끝의 온기를 느끼는 동안, 복잡했던 감정들은 천천히 가라앉는다.

이제 침묵이 두렵지 않다. 오히려 그 고요함 속에서 더 깊은 소통이 열린다. 말보다 먼저 마음을 건네는 건, 언제나 이런 따뜻한 순간들이었다.

돌봄의 감각

감정은 때로 말보다 감각이 먼저 정리해 줍니다. 돌봄제공자의 하루는 대화, 확인, 기록으로 이어지지만, 정작 마음을 안정시키는 것은 차를 따르고, 손끝의 온기를 느끼고, 향기를 맡는 아주 작은 감각의 움직임일 때가 많습니다.

이 감각을 어르신과 함께 나누는 순간, 관계의 속도는 조급함에서 느긋함으로 바뀝니다. 정서 회복은 특별한 기술이 아니라, 그날의 감각을 어떻게 회복하느냐에 달려 있습니다.

포인트 박스

- 침묵을 억지로 채우기보다, 감각을 나누는 시간이 서로의 감정을 지치지 않게 회복시키는 짧은 휴식이 됩니다.

마음에 남은 한 줄

"감정을 말로 설명하지 않아도, 향기와 온기만으로 마음은 정리될 수 있습니다."

돌봄현장 실전 팁

"말로 풀기 어려운 감정을, 감각으로 어떻게 다스릴 수 있을까요?"

1. 감정을 정리하는 감각적 루틴 만들기

- 이유: 감정이 요동칠 때는 말보다 감각이 더 빠르게 중심을 잡아줍니다.
- 방법: 따뜻한 물 마시기, 손 지그시 감싸기, 깊은 호흡 등 짧고 간단한 감각 루틴을 만들어 둡니다.

2. 침묵을 두려워하지 않기

- 이유: 말 없는 시간은 관계를 회복시키는 짧은 휴식이 됩니다.
- 방법: 침묵을 억지로 메우지 않고, 같은 공간에 조용히 머무는 시간을 존중합니다.

3. 감각으로 공감의 여백 만들기

- 이유: 따뜻한 온기나 단정한 움직임은 말보다 깊게 마음을 전합니다.
- 방법: 따뜻한 음료를 함께 하거나 잔을 놓는 부드러운 움직임으로 말보다 '존재'로 마음을 건넵니다.

4. 회복 도구 준비하기

- 이유: 감정이 흔들릴 때 사용할 수 있는 감각 도구가 있으면 회복이 빨라집니다.
- 방법: 작은 컵이나 부드러운 천처럼 몸의 긴장을 풀어줄 물건을 준비해 두고 감정이 흔들릴 때 활용합니다

주의할 점

- 감각을 활용한 정서 회복은 어르신과 나, 서로의 마음을 지지하는 과정입니다.
- 어르신의 속도를 존중하며 자연스러운 흐름 안에서 감각적 돌봄을 이어갑니다.
- 회복 루틴은 업무 흐름을 해치지 않는 범위 안에서 실천합니다.
- 어르신의 공간이나 물건을 사용할 때는 반드시 먼저 양해를 구합니다.
- 온도·향·조명 등 감각 요소는 어르신의 취향과 편안함을 가장 우선합니다.

7장 마무리

우리의 하루는 예측할 수 없는 감정의 흐름 속에서 이어집니다. 어르신의 미소에 마음이 환해지기도 하고, 예상치 못한 한마디에 잠시 멈칫하기도 하지요. 그 작은 흔들림이 관계가 틀어졌다는 뜻은 아닙니다. 그저 오늘의 마음이 다른 방향으로 움직였다는 한순간의 신호일 뿐입니다.

우리는 이 움직임을 견디기 위해 거창한 치유법 대신, 일상의 작은 루틴을 선택해 왔습니다. 손끝에 머무는 따뜻함, 숨을 고르는 짧은 멈춤, 차 한 잔이 만들어주는 느슨한 시간들. 이 작은 실천들은 감정을 억누르지 않습니다. 마음의 무게를 자연스럽게 흘려보내는 통로가 되어 줍니다. 감정이 흘러가면, 그 자리에 다시 평온이 자리합니다.

돌봄의 지속력은 결국 감정을 회복하는 힘에서 비롯됩니다. 흔들리는 순간에도 균형을 되찾는 기술— 그 힘이 있어야 우리는 지치지 않고 오래 곁에 머물 수 있습니다.

그리고 그렇게 나를 먼저 돌보는 힘으로 우리는 매일의 관계를 다시 차분히 이어갑니다.

역할의 차이를 이해하고 중심 잡기

우리의 하루는 어르신과의 작은 연결로 이루어집니다. 하지만 그 곁을 더 넓게 지탱해주는 또 다른 연결이 있습니다. 바로 전담복지사와의 협업입니다.

우리는 가까이에서 일상의 온도를 느끼고, 전담복지사는 전체의 흐름을 바라보며 균형을 맞춥니다. 같은 상황을 두고도 느끼는 것이 다르고, 말 한마디가 다르게 다가올 때도 있습니다. 그 차이가 어르신의 하루를 조화롭게 이어가게 하는 또 하나의 힘이 됩니다.

우리의 마음은 때로 조급해지고, 전달된 말 너머의 맥락을 상상하며 흔들릴 때도 있습니다. 하지만 감정은 설명되기보다 다뤄져야 하기에, 우리는 그 마음을 천천히 들여다봅니다. 적절한 거리를 두고 생각하고, 때로는 가까이 다가서며 관계의 균형을 찾아갑니다.

이 장에서는 전담복지사와의 관계 안에서 내 역할을 명확히 하고, 서로 다른 관점을 이해하며, 협업을 통해 감정의 균형을 찾는 방법에 대해 이야기합니다.

사례 1. 잠시 흔들린 마음, 기록이 만든 연결
기록을 통해 관계를 다시 세우다

며칠 전, 전담복지사로부터 예상치 못한 전화가 걸려왔다.

"선생님, ○○○ 어르신 따님께서 연락 주셨어요. 어머니가 요즘 식사를 잘 안 하신다는데, 혹시 방문하실 때 어떤 상황인지 확인해주실 수 있을까요?"

순간 마음이 긴장되었다. '혹시 가족이 기관에 걱정을 전달한 걸까?' 그동안 잘 이어져 왔다고 생각했던 가족과의 신뢰가 잠시 흔들렸다. 어르신의 변화를 더 세심히 살피지 못했나하는 생각이 스쳤다.

○○○ 어르신은 매주 정기적으로 방문하는 분이었다. 최근 몇 주간의 기록을 다시 살펴보니 일정한 패턴이 보였다.

- "냉장고에 반찬이 그대로 있음, '입맛이 없다'고 하심"
- "체중이 줄어 보임, '조금씩만 먹는다'고 답변"
- "식탁에 약만 놓여 있고, 식사 흔적 없음"

다음 날, 전담복지사와 함께 어르신을 방문했다. 현장에서 역할을 자연스럽게 나누게 되었다.

"어르신, 안녕하세요. 요즘 컨디션은 어떠세요?"

전담복지사가 전반적인 건강 상태를 물어보는 동안, 나는 최근 방문에서 느꼈던 변화를 덧붙였다.

"요즘 입맛이 없으시다고 하셨어요. 냉장고에 반찬이 많아도 조금씩만 드시고, 특히 지난주부터는 거의 손을 안 대시는 것 같아요."

전담복지사는 내말을 들으며 어르신께 부드럽게 물었다.

"혼자 드시기 어려우시면 식사배달지원, 그러니까 도시락을 정기적으로 가져다 드리는 서비스를 연결해드릴 수도 있어요. 어떠세요?"
"그런 게 있어요?"

어르신의 표정이 달라졌다. 조심스럽게 손끝을 만지작거리며 말을 이으셨다.

"요즘은 밥 냄새만 맡아도 얹히는 것 같아요. 그래도 누가 챙겨주면 한 술이라도 뜰 수 있겠죠."

전담복지사는 고개를 끄덕이며 대답했다.

"그럴 수 있어요. 어르신. 그럴 땐 도시락으로라도 규칙적으로 드시는 게 중요하거든요. 식사 시간에 따님이 잠깐이라도 함께 할 수 있는지 상의해보겠습니다."

그 순간 어르신의 얼굴에 오랜만에 안도에 가까운 표정이 스쳤다. 혼자 말씀드릴 때보다, 함께 설명드리니 마음의 문이 조금 더 열리신 듯했다.

며칠 뒤 결과를 들었다. 배식 서비스가 연결되었고, 어르신의 딸도 주 2회 정도 방문해 식사 전후로 어머니를 살펴드리기로 했다고 했다. 전담복지사는 "선생님이 꼼꼼히 기록해주신 덕분에 문제를 정확히 파악할 수 있었어요. 혼자서 해결하려 하지 마시고 이렇게 함께 해요."라고 말했다.

처음 전화를 받았을 때 느꼈던 긴장감은, 혼자 모든 걸 해결해야 한다는 부담에서 온 것이었다. 그러나 나의 관찰 기록이 전담복지사의 판단과 이어질 때 비로소 현실적인 해결책이 나올 수 있었다.

혼자가 아니라 함께라는 사실이, 내 마음을 다시 단단히 붙잡아주었다.

돌봄의 감각

이 경험은 협업이 단순히 일을 나누는 과정이 아님을 알려줍니다. 돌봄제공자가 느낀 불안과 무력감은 혼자 짊어지려 했던 책임에서 비롯되었습니다. 그러나 기록을 바탕으로 전담복지사와 연결되었을 때, 불안은 조금씩 안도로 바뀌었습니다.

돌봄제공자의 역할은 모든 문제를 해결하는 것이 아니라, 현장의 변화를 정확히 관찰하고 공유하는 일입니다. 전담복지사는 그 정보를 바탕으로 전문적 해결책을 마련합니다.

서로의 역할이 맞물릴 때, 어르신의 삶은 더 안정됩니다. 그만큼 돌봄제공자의 마음도 한결 가벼워집니다.

포인트 박스

- 협업은 문제를 해결하는 과정이자, 돌봄제공자의 불안을 덜어주는 힘입니다.
- 꼼꼼한 기록은 전담복지사의 판단을 돕는 가장 확실한 근거입니다.
- "내가 다 못했다"는 자책보다, "함께하고 있다"는 인식이 전문성을 키웁니다.

마음에 남은 한 줄

"협업은 어르신을 위한 길이자, 내 마음을 지켜내는 힘입니다."

돌봄현장 실전 팁

"기록을 통해 전담복지사와 효과적으로 협업하려면 어떻게 해야 할까요?"

1. 관찰 내용을 구체적 기록으로 남기기

- 이유: 현장의 미세한 변화가 전담복지사의 판단 근거가 됩니다.
- 방법: 날짜, 빈도, 행동변화를 중심으로 기록하고 필요한 정보만 명확히 정리합니다.

2. 전달보다 공유의 관점으로 접근하기

- 이유: 기록은 보고가 아니라 협업의 시작입니다.
- 방법: "이상 있습니다."보다 "이런 변화가 있어 함께 확인해주시면 좋겠습니다." 처럼 존중의 태도로 상황을 공유합니다.

3. 함께 방문 전 역할 명확히 하기

· 이유: 중복된 설명보다 상호 보완이 중요합니다.
· 방법: "제가 상황을 설명드리고, 전담복지사님께서 지원 방안을 모색해 주시기로 했습니다."처럼 방문 전 역할을 조율합니다.

4. 기록 이후 점검과 공유를 습관화하기

· 이유: 사후 점검이 다음 협업의 질을 높입니다.
· 방법: 전담복지사의 조치 후, "이 부분이 개선되었습니다."처럼 간단히 앱 메모나 전화로 결과를 공유하며 기록이 다음 조치를 판단하는 데 자연스럽게 이어질 수 있도록 합니다.

주의할 점

· 협업의 속도보다 신뢰의 방향을 먼저 점검합니다.
· 어르신 앞에서는 한 팀으로서 조율된 태도를 보입니다.
· 전담복지사의 결정이 내 판단과 달라도, 다름을 이해하고 함께 해법을 찾는 대화를 선택합니다.
· 기록은 평가의 도구가 아니라, 함께 해결을 모색하는 대화의 흔적으로 남깁니다.

사례 2. 같은 어르신, 다른 온도

전담복지사와 '우선순위'를 맞춰간 이야기

"집에만 있으니까 너무 답답해요." 최근 들어 어르신의 이 말이 자꾸 마음에 걸렸다. 며칠째 외출을 거의 하지 않으시고, 방 안 공기도 무겁게 가라앉아 있었다. 다음 방문 때는 짧게라도 산책을 함께 하자고 마음먹었다. 오랜만에 바깥바람을 쐬면 조금이라도 기분이 나아지시지 않을까 싶었다. 그런데 그때, 전담복지사에게서 연락이 왔다.

"선생님, ○○○ 어르신댁에 이번주 금요일까지 주거환경개선 신청서 제출해야 하는데, 방문하실 때 작성 좀 도와주실 수 있으세요? 기한이 넘어가면 다음 분기로 밀려가서요."
"네, 알겠습니다."

전화를 끊고 나니 마음이 조금 복잡해졌다. 지금 어르신의 마음 상태를 생각하면, 서류 이야기가 부담이 되지 않을까 걱정됐다. '지금은 마음을 여는 게 더 우선 아닐까?' 그 생각이 머릿속을 맴돌았다. 나는 전담복지사에게 메시지를 남겼다.

"어르신이 요즘 우울감이 커서 방문 시 바로 서류 작성을 말씀드리기 어려울 수도 있을 것 같습니다. 먼저 분위기를 풀어드리고 진행해도 괜찮을까요?"

잠시 뒤, 답장이 왔다.

"알겠습니다. 다만 늦어도 금요일 안으로는 부탁드려요. 혹시 어르신이 거부감

보이시면 바로 연락 주세요. 제가 직접 전화 드릴게요."

그 한 줄에서 신뢰와 함께, 약간의 긴장감도 느껴졌다. 다음 주 수요일, 나는 어르신과 함께 동네를 천천히 걸었다.

"오랜만에 나오니까 사람 사는 것 같네요."

어르신의 얼굴에 모처럼 생기가 돌았다. 산책을 마친 뒤, 나는 적절한 시점을 보아 조심스럽게 말을 꺼냈다.

"어르신, 지난번에 말씀하신 화장실 문턱 개선에 관한 건요. 오늘 신청서만 작성해두면 나중에 담당자가 직접 와서 확인하고 진행해요. 비용은 들지 않고, 공사 일정도 어르신과 상의해서 정하니까 부담 가지지 않으셔도 돼요."

어르신은 잠시 망설였다. '서류'라는 말에 표정이 살짝 굳었다. 실제로 많은 어르신들이 이런 서명 순간에 부담을 느끼신다. 도움을 요청한다는 사실 자체가 스스로의 약함을 드러내는 일처럼 느껴지기 때문이다. 게다가 일부 어르신들은 '이런 서류에 서명하면 혹시 집을 뺏기거나, 돈이 들지는 않을까'하는 막연한 불안감을 갖기도 한다. 그 두려움은 경험에서 비롯된 현실적인 마음이기도 하다. 나는 천천히 말을 이었다.

"이건 어르신이 불편하셨던 부분을 개선하기 위한 절차예요. 비용이 들거나 불이익이 생기는 일은 전혀 없어요. 그냥 '이 집에 이런 부분이 불편하니 개선이 필요하다'는 걸 확인하는 거예요."

그러자 어르신의 표정이 조금 풀렸다.

"그럼 지금 하죠. 기분도 한결 좋아졌으니까."

그날 저녁, 전담복지사에게서 메시지가 왔다.

"선생님이 먼저 어르신 마음을 풀어주셔서 서명도 자연스럽게 되셨대요. 저 혼자 갔으면 '왜 갑자기 서류 얘기를 하냐'며 경계하셨을 것 같아요. 정말 말씀드릴 시점을 잘 잡으셨어요."

그 말을 읽으며, 나는 그제야 이해할 수 있었다. 협업은 '내 방식을 고집하는 것'이 아니라, '각자의 시선으로 최적의 시점을 만들어가는 일'이라는 것을.

전담복지사는 제도의 시간표를, 나는 어르신의 감정 리듬을 본다. 둘의 속도가 다르더라도, 그 차이를 인정하며 맞춰갈 때 어르신의 삶은 제도와 마음, 둘 다 놓치지 않게 된다. 그렇게 우리는 같은 어르신을 다른 각도에서 바라보며, 조금씩 같은 온도로 다가가고 있었다. 그 온도는 제도의 언어와 마음의 언어가 만나는 지점이었다.

돌봄의 감각

이 사례는 협업이 '속도를 맞추는 일'이 아니라 '온도를 조율하는 일'임을 보여줍니다. 전담복지사는 행정의 시간표를 지켜야 하고, 돌봄제공자는 어르신의 정서 리듬을 체감합니다. 시선이 다르다고 해서 충돌할 필요는 없습니다. 핵심은 누가 옳은가가 아니라, 지금 어르신에게 어떤 접근이 가장 적절한가를 함께 판단하는 감각입니다. 서류 한 장도 어르신에게는 단순한 절차가 아닙니다. '도움을 받아야 하는 사람'이라는 인식과 '내 집에 손대는 건 아닐까' 하는 두려움이 겹쳐집니다. 이 마음의 결을 이해하지 못하면 선의의 절차도 불신으로 바뀔 수 있습니다. 따라서 돌봄제공자는 감정의 온도를 살피며 '언제, 어떤 말로, 어떤 태도로' 제도를 설명할지를 조율해야 합니다. 이러한 감각이 있을 때, 행정의 언어와 마음의 언어가 비로소 연결됩니다.

포인트 박스

- 협업은 속도를 맞추는 일이 아니라, 온도를 조율하는 일입니다.
- 전담복지사는 제도의 시간표를, 돌봄제공자는 정서의 리듬을 봅니다.
- 서류 한 장에도 마음의 망설임이 숨어 있음을 기억합니다.
- 감정의 타이밍을 읽는 감각이, 협업을 신뢰로 바꿉니다.

마음에 남은 한 줄

"협업은 제도의 언어와 마음의 언어가 만나는 타이밍의 예술입니다."

돌봄현장 실전 팁

"전담복지사와 업무의 속도가 다를 때, 어떻게 조율할 수 있을까요?"

1. '지연'이 아닌 '조율'로 접근하기

- 이유: 기한이 있는 행정 절차라도, 어르신의 정서적 흐름을 고려한 접근이 필요합니다.
- 방법: "어르신이 절차에 부담을 느끼셔서, 상황을 살핀 뒤 다시 시도하겠습니다." 처럼 상황 근거형 표현으로 협의합니다.

2. 감정보다 근거로 공유하기

- 이유: "기분이 안 좋아 보여요."보다 "요즘 외출이 줄고, 식사량이 감소하셨어요." 처럼 객관적 관찰 중심의 표현이 신뢰를 높입니다.
- 방법: 어르신의 행동·표정·발언을 구체적으로 기록해 전담복지사와 공유합니다.

3. 서류 설명은 '도움'이 아닌 '참여'의 언어로 하기

- 이유: 지원받는 사람'이 아니라 '결정에 참여하는 사람'으로 느낄 때, 어르신은 존중받는다고 느낍니다.
- 방법: "어르신이 말씀하신 부분을 반영하기 위한 절차예요."처럼 주체성을 인정하는 문장으로 안내합니다.

4. 설명 시점을 조율하기

- 이유: 서류 안내나 지원 설명은 어르신이 안정된 순간에 이루어질 때 수용도가 높습니다.
- 방법: 방문 초반보다는 대화나 산책 후, 분위기가 편안해진 시점에 안내합니다.

주의할 점

- 협업의 속도가 다를 때, 상대의 입장을 먼저 이해하고 이유를 확인합니다.
- 어르신의 불안 반응을 '거부'로 단정하지 않습니다.
- 서류나 절차 설명 시, 어려운 행정 용어보다는 생활 언어로 전달합니다.
- 감정의 적절한 시점을 놓치면 선의의 지원도 부담으로 느껴질 수 있음을 기억합니다.

사례 3. 전화 너머의 침묵, 다시 이어지다

끊어진 연결 속에서도 돌봄을 이어가다

○○○ 어르신은 몇 년 전 이혼한 뒤 자녀들과의 연락도 끊기며 사실상 무연고에 가까운 삶을 이어가고 있었다. 그래도 매주 한 번의 방문과 두 차례 유선 안전 확인에는 성실히 응답하셨다. 늘 짧게라도 "잘 지낸다."는 대답이 있었기에 안심하며 방문을 이어갈 수 있었다.

그런데 최근 들어 어르신이 "요즘 의욕이 없다.", "혼자 있기 싫다."는 말씀을 자주 하셨다. 몸이 아파도 병원에 가지 않으려 하는 날이 늘어났다. 그런 말을 들을 때마다 차분하게 반응하려 애썼지만, 마음 한켠에는 '혹시라도 잘못되면 어쩌지' 하는 불안이 따라붙었다.

그날도 오후 3시가 넘도록 여러 차례 전화를 걸었지만, 아무런 응답이 없었다. 불안한 마음에 직접 댁을 찾아갔지만 집은 비어 있었다. 며칠 전 들었던 말씀이 겹쳐지면서 불안은 더 커졌다.

곧바로 전담복지사에게 연락했다. 긴장된 마음으로 상황을 설명하자, 전담복지사는 차분히 들은 뒤 말했다.

"걱정되실 만합니다. 바로 알려주셔서 고맙습니다. 이제부터는 함께 확인해보겠습니다."

그 말에 혼자가 아니라는 든든함이 전해졌다. 전담복지사는 즉시 구체적인 대응

방안을 제시했다.

"제가 먼저 112 신고센터에 연락해서 상황을 알려드리겠습니다. 그리고 마을 이장님께도 협조를 요청해볼게요. 선생님은 한 시간 후에 다시 한 번 댁에 가보시고, 저에게 상황을 알려주세요."

전담복지사가 내가 혼자서는 할 수 없는 연결망을 빠르게 작동시키는 모습을 보며, 불안 속에서도 의지할 버팀목이 있다는 안도감이 생겼다.

한 시간 후 다시 어르신 댁을 방문했지만 여전히 연락이 닿지 않았다. 전담복지사에게 보고하자, "이장님이 동네를 한 바퀴 둘러보신다고 하셨어요. 조금만 더 기다려 보도록 해요."

그의 차분함이 불안에 흔들리던 내게 중심을 잡아주었다. 저녁 7시경, 이장님이 어르신을 마을 어귀에서 발견했다는 연락이 왔다.

"다행히 괜찮으시고요, 배터리가 다해서 전원이 꺼진 상태였답니다."

전담복지사가 즉시 상황을 알려주었다.

"오후에 산책 나가셨다가 평소보다 멀리 걸으셨나 봐요. 충전기는 두고 나가셔서 전화를 못 받으신 거고요. 이장님께서 지금 댁까지 모셔다 주신다고 하셨어요."

그제야 잔뜩 조여 있던 마음이 서서히 풀렸다. 전담복지사는 덧붙여 말했다.

"내일 기관에 여분 보조배터리가 있으면 준비해 둘게요. 선생님 방문하실 때 어르신께 전달해주시고 사용법을 간단히 안내해 주세요. 외출하실 때 메모 남기시는 방법도 필요하시면 함께 알려드리면 좋겠습니다. 오늘 바로 연락 주셔서 빠르게 확인할 수 있었어요. 고생 많으셨습니다."

어르신이 무사하셨다는 사실은 무엇보다 큰 안도였다. 하지만 그 순간 나를 지탱해 준 것은, 그 과정에서 함께했던 전담복지사와의 신뢰였다. 혼자가 아니라는 든든함이 불안 속에서도 중심을 잡게 해주었다. 혼자였다면 놓쳤을 대응들이 협업을 통해 차근차근 이루어질 수 있었다. 그날 이후, 나는 조금 더 안심하며 어르신을 만날 수 있게 되었다.

돌봄의 감각

무연고 어르신의 경우 위기 상황이 닥쳤을 때 연락할 가족이 없습니다. 그래서 돌봄제공자가 느끼는 부담은 더 클 수밖에 없습니다. 이럴 때 전담복지사와의 협업은 단순한 위로를 넘어, 실제로 대응을 움직일 수 있는 힘이 됩니다.

혼자 모든 것을 떠안으려 하지 말고, 적절한 시점에 전담복지사와 상황을 나누는 것이 중요합니다. 전담복지사는 돌봄제공자가 혼자서는 닿기 어려운 자원과 지역의 연결망을 빠르게 작동시킬 수 있습니다.

포인트 박스

- 무연고 어르신의 위기 상황에서는 신속한 정보 공유와 체계적 대응이 필요합니다.

- 전담복지사와의 협업을 통해 개인이 감당하기 어려운 상황을 함께 해결할 수 있습니다.

마음에 남은 한 줄

“혼자가 아니라는 믿음이 불안을 견디게 하고, 함께 하는 협업이 해결책을 만들어냅니다.”

돌봄현장 실전 팁

“위기 상황에서 전담복지사와 효과적으로 협업하려면 어떻게 해야할까요?“

1. 상황을 즉시 공유하기

- 이유: 위기 상황에서는 시간이 중요하며, 전담복지사의 체계적 대응이 필요합니다.
- 방법: 감정적 표현보다는 “언제부터 연락 안 됨”, “어떤 시도를 했는지”, “현재 상황” 등을 구체적으로 전달합니다.

2. 대응의 우선순위를 함께 정하기

- 이유: 현장에서 동시에 여러 선택지가 생길 수 있습니다. 무엇을 먼저 확인할지 정하면 혼선이 줄고, 대응속도가 빨라집니다.
- 방법: “지금은 현장 확인이 먼저인가요, 경찰 신고가 먼저인가요?”처럼 소치 순서를 함께 결정하고 움직입니다.

3. 소통의 리듬으로 안정감 유지하기

· 이유: 불안한 상황에서는 '연락이 오겠지'라는 공백이 가장 큰 부담입니다.
· 방법: "한 시간마다 상황을 공유드릴게요."처럼 예측 가능한 리듬을 정해 전담복지사와 모두 심리적 안정감을 유지합니다.

4. 후속 조치를 함께 계획하기

· 이유: 비슷한 상황의 재발방지를 위해 대응 이후에도 점검이 필요합니다.
· 방법: 상황 마무리 후 "앞으로 이런 경우를 대비해서 어떤 방안이 필요할까요?"라고 논의합니다.

주의할 점

· 감정보다 사실을 우선합니다. 불안할수록 감정적으로 해석하기보다, 관찰된 사실을 기록하고 보고합니다.
· 협업결과가 늦어지더라도 신뢰를 유지합니다. 즉각적인 해결보다 과정의 안정성과 연속성이 더 중요합니다.
· 대응이 끝난 후에도 관계를 점검합니다. "괜찮으셨죠?"라는 짧은 안부로, 어르신과 전담복지사 모두의 안정감을 확인합니다.

8장 마무리

협업은 때로 예상과 다른 반응이나 접근 방식으로 우리를 당황시키기도 합니다. 돌봄은 사람과 사람 사이에서 일어나기에, 때로는 말보다 관계의 온도에 더 크게 흔들리기도 합니다.

그럴 때 전담복지사는 많은 말을 하지 않아도 같은 상황을 함께 바라보는 사람입니다. 나의 감정을 평가하지 않고, 해결보다 '이해'로 곁을 지켜줍니다. 그 조용한 공감은 감정의 무게를 나누고, 혼자서 짊어지려던 마음에 여백을 만들어 줍니다.

협업에서의 조율은 감정을 없애는 기술이 아니라, 관계 안에서 서로 다른 관점을 조화시키는 연습입니다. 그리고 그 연습은 '나 혼자가 아니다'라는 사실을 일깨워줍니다.

전담복지사와 함께 쌓아가는 이 작은 협력의 경험이, 돌봄제공자의 감정을 무너지지 않게 지켜주는 또 하나의 기술이 됩니다.

9장 선을 지키는 용기

성적 불편감 앞에서 지켜야 할 경계

불편함은 말보다 먼저 다가옵니다. 말투의 미묘한 어긋남, 길게 머무는 시선, 스치는 손끝. 웃음 속에 숨겨져 있어도, 몸은 그 작은 신호를 먼저 알아차립니다. 돌봄제공자의 하루에는 이 신호를 감지하는 순간이 있습니다. 대수롭지 않게 넘기거나 침묵으로 일관하면, 자신을 지키는 선은 조금씩 흐려지고 결국 건강한 관계도 해치게 됩니다.

돌봄은 한쪽만을 위한 관계가 아닙니다. 어르신이 존중받아야 하듯, 돌봄제공자도 존중받아야 합니다. 선을 긋는다는 것은 거리를 만드는 일이 아니라, 안전한 자리를 남기는 일입니다. 그 자리가 지켜질 때, 돌봄은 오래, 그리고 품격 있게 이어집니다.

이 장은, 그 자리를 지키는 용기와 방법에 관한 이야기입니다.

사례 1. "오늘도 이쁜이 왔네"
건강한 경계가 만드는 안전한 곁

78세 ○○○ 어르신은 항상 반가운 얼굴로 나를 맞이하셨다.

"아이구, 오늘도 젊은 사람이 왔네. 우리 동네에서 제일 환한 얼굴이야."

처음에는 그저 정이 많으신 분이라 생각했다. 하지만 어느 날부터 같은 말이 조금씩 달라지기 시작했다.

"이쁜 사람 오니까 집안이 화사해지네."그 말과 함께 내 옷차림을 위아래로 훑는 시선. "오늘은 또 무슨 옷 입고 왔어?" 어느 순간부터 방문 전 어떤 옷을 입어야 할지 고민하게 되었다. 특히 어느 날, 손등을 가볍게 치시며 이렇게 말씀하셨을 때였다.

"선생님 오는 날만 기다린다니까. 우리 집에 꽃이 피네."

그순간 마음속에서 경고음이 울렸다. 하지만 동시에 생각이 꼬리를 물었다. '내가 예민한 걸까?', '이 정도는 그냥 넘어가야 하는 거 아닐까?', '돌봄 관계에서 이런 걸로 문제 삼으면 과하게 보이지 않을까?' 참아야 하는 건지, 말해야 하는 건지. 매번 방문할 때마다 고민이 깊어졌다. 결국 나는 용기를 냈다.

"어르신, 저는 그런 말씀을 들으면 좀 불편할 때가 있어요. 그냥 편안하게 지내는 게 더 좋을 것 같아서요."

어르신은 잠시 멈칫하시더니, 표정이 굳어지셨다.

“뭐가 불편해? 칭찬해주는 건데. 옛날에는 이런 말 다들 웃고 넘겼어. 요즘 사람들은 참 예민하다니까.”

그 말을 듣는 순간, 머릿속이 복잡해졌다. ‘내가 너무 민감하게 받아들인 걸까?’, ‘괜히 말해서 관계만 어색하게 만든 건 아닐까?’ 하지만 곧 깨달았다. 내 불편함은 틀린 게 아니었다. 관계에서 느끼는 안전함은 나에게도 중요한 권리였다. 이 상황을 전담복지사에게 조심스럽게 전달했다.

“선생님, 힘드셨겠어요. 그런 상황이라면 바로 2인 1조 방문으로 조정하는 게 맞습니다.”

전담복지사는 내 말을 믿어주었고, 즉시 대응해주었다. 이후 동료와 함께 방문하니 불편한 농담은 사라지고, 오히려 관계는 안정적으로 이어졌다. 이 경험은 내게 중요한 원칙을 가르쳐주었다. 경계를 세우는 것은 관계를 끊는 게 아니다. 서로를 존중하며 오래 함께하기 위한 첫걸음이다. 내 불편함을 인정하고 표현하는 용기가, 결국 더 건강한 돌봄을 만든다. 안전하고 편안한 곁은 건강한 선을 세울 때 비로소 가능하다.

돌봄의 감각

이 사례는 단순히 불편한 말을 피하는 기술이 아니라, 나를 지키는 선을 세웠을 때 관계가 어떻게 달라질 수 있는지를 보여줍니다. 처음에는 가벼운 친근함처럼 들렸던 “이쁜이”라는 인사가 반복되면서 작은 불편함으로, 결국 경계를 흐리는 언어로 변해갔습니다. 돌봄제공자의 감각은 그 변화를 외면하지 않고 내 안의 긴장을 정확히 알아차리는 데서 출발했습니다. 그리고 그 긴장을 부드럽지만 분명한 말로 건넸을 때, 전담복지사와의 협의로 2인 1조 방문이 조정되었고 관계는 다시 안정감을 되찾았습니다.

경계를 세우는 일은 관계를 끊는 것이 아니라 안전한 결을 남기는 일입니다. 오히려 그 선이 있어야 서로를 존중하는 관계가 오래 이어질 수 있습니다.

포인트 박스

- "괜찮아요"라는 미소 뒤에도 '이건 아닌데'라는 감정이 자라고 있습니다.
- 돌봄제공자의 감정도 돌봄의 기준이 됩니다.
- 불편한 언행을 가볍게 넘기기보다, 존중의 언어로 경계를 세우는 것이 서로를 위한 첫 번째 배려이자 오래가는 관계의 시작입니다.

마음에 남은 한 줄

"참지 않고 말했을 때, 비로소 나도 돌봄 안에 있었습니다."

돌봄현장 실전 팁

"불편한 언행 앞에서, 나는 어떤 경계를 세워야 할까요?"

1. 불편한 감정을 '기분 탓'으로 넘기지 않기

- 이유: 반복되는 말이 나에게 어떤 감정을 남기는지 인식해야 합니다.

· 방법: 불쾌함을 덮지 말고, 감정의 변화를 스스로 관찰합니다.

2. 부드럽지만 단호하게 표현하기

· 이유: 공격적이지 않게 분명한 의사를 전달해야 갈등을 줄이며 경계를 지킬 수 있습니다.
· 방법: "그 말씀은 조금 불편했어요."처럼 짧고 명확한 문장으로 말합니다.

3. 혼자 감당하지 않기

· 이유: 감정을 억누르면 관계가 왜곡되거나 문제가 장기화됩니다.
· 방법: 동료나 전담복지사와 상의해 2인 1조 방문 등 대안을 마련합니다.

4. 정으로 포장된 농담과 불편한 언행을 구분하기

· 이유: 친근함이라는 이유로 불쾌함을 정당화하면 스스로의 존엄이 훼손됩니다.
· 방법: 의도와 상황을 구분하되, 불쾌감이 남는 말에는 명확히 경계를 세웁니다.

주의할 점

· 불편한 언행은 가볍게 넘기지 말고 즉시 공유합니다.
· 상황 판단 시 감정보다 사실을 기준으로 침착하게 대응합니다.
· 오해를 두려워하지 말고 정확한 기록과 보고로 상황을 알립니다.
· 감정이 격해질 때는 잠시 멈추고 균형을 회복한 뒤 대응합니다.

사례 2. 무심한 듯 반복되는 신체 접촉

'아니오'가 존중되지 않을 때, 시스템이 개입하다

82세 ○○○ 어르신은 첫인상만 보면 조용하고 점잖은 분이었다. 대화를 나누면 "고생 많아요." 하고 따뜻하게 말을 건네셨고, 초기 몇 차례 방문은 큰 어려움 없이 편안한 분위기였다. 그럼에도 첫 만남부터 마음에 걸리는 부분이 있었다.

대화를 나눌 때 어깨를 툭 치거나, 인사하며 손을 오래 잡는 행동이 반복된 것이다. 처음에는 '표현 방식이 조금 다르신가 보다' 하고 넘기려 했다. 하지만 시간이 지나며 그 접촉은 점차 수위를 넘어갔다.

문을 열어준다는 이유로 몸을 과하게 가까이 붙이거나, 친근함을 내세워 무릎 위에 손을 올리는 일이 생겼다. 그 순간의 불편함은 쉽게 사라지지 않았고, 어르신 댁으로 향하는 발걸음도 점점 무거워졌다.

'내가 너무 예민한 걸까?' 온화한 말투와 반복되는 행동이 서로 충돌하면서 혼란은 더 커졌다. 며칠 고민 끝에 조심스레 말씀드렸다.

"어르신, 저는 신체 접촉이 있을 때 많이 불편해요. 말로 인사해주시는 것이 저는 더 편합니다."

어르신은 "그래, 알겠어요." 하고 웃으며 넘겼지만, 다음 방문에서도 어깨를 두드리는 행동은 이어졌다. 말로 경계를 세워도 그대로 반복될 때, 이 문제는 단순한 불편을 넘어 '안전'의 문제라는 사실이 분명해졌다. 결국 전담복지사에게 솔직하게 상황을 전달했다. 혹시 내가 과하게 느낀 건 아닐까, 재배정이 어르신께 불편을 드리지는 않을까 하는 걱정도 있었다.

전담복지사는 내 이야기를 끝까지 들은 후 차분하게 말했다.

"선생님, 충분히 힘드셨을 거예요. 분명히 불편함을 말씀드렸는데도 같은 행동이 계속된다면, 재배정을 검토하는 것이 맞습니다. 선생님이 불편한 상태로 계속 방문하시면 두 분 모두에게 부담이 될 수 있어요."

그 말을 듣는 순간 마음이 한결 가벼워졌다. 며칠 전 전담복지사에게 재배정을 요청했던 순간이 떠올랐다. 그 선택은 단지 나의 어려움때문이 아니라 나와 어르신 모두의 안전을 위한 전문적인 조치였다는 사실이 분명해졌다.

이 일을 통해 나는 돌봄에서 감당할 수 있는 선이 어디까지인지 분명히 알게 되었다. 그리고 그 선을 넘는 상황에서는 혼자 견디려 하기보다 제도의 개입이 먼저 작동해야 한다는 사실을 배웠다.

돌봄의 감각

경계를 세운다는 것은 관계를 끊는 것이 아니라, 돌봄제공자의 안전과 어르신의 안전을 함께 지켜내는 일입니다. 불편함이 느껴지는 것은 종종 '관계의 균형이 어긋나고 있다'는 가장 빠른 신호입니다.

이 사례의 핵심은 불편함을 표현하는 용기뿐 아니라, 말로 전한 경계가 지켜지지 않을 때 ‘개인이 아닌 시스템이 개입해야 한다’는 판단까지 이어졌다는 점입니다.

직접적인 표현만으로 상황이 바뀌지 않았을 때 전담복지사에게 보고하고 조정을 요청한 선택은 자기 보호를 넘어서, 돌봄 관계를 안전하게 재구성하는 전문적인 대응이었습니다.

돌봄은 헌신이 아니라, 서로가 존중 안에 머물 수 있도록 그때그때 조율해 가는 과정임을 보여줍니다.

포인트 박스

- 작은 불편도 돌봄 관계에서는 중요한 위험 신호입니다.
- 경계를 세우는 일은 단절이 아니라, 안전과 존중을 지키기 위한 전문적 선택입니다.
- 전담복지사와의 협업은 감정 부담을 덜고, 상황을 구조적으로 재정비합니다.

마음에 남은 한 줄

“존중받는 돌봄은, 불편을 알아차리고 말할 용기에서 시작됩니다.”

돌봄현장 실전 팁

“불편한 신체 접촉 앞에서, 어떻게 경계를 세워야 할까요?”

1. 몸이 느낀 불편을 무시하지 않기

· 이유: 신체적 불쾌감은 감정보다 빠르게 위험을 알립니다.
· 방법: 순간의 불편이라도 분명히 인식하고, 즉시 거리를 둡니다.

2. 즉시 거리두기와 단호한 표현하기

· 이유: 신체 접촉은 한 번 허용되면 반복되기 쉽습니다.
· 방법: "그건 불편합니다."처럼 짧고 명확하게 표현합니다.

3. 상황이 반복되면 즉시 보고하기

· 이유: 개인의 감정만으로는 관계 구조를 바꾸기 어렵습니다.
· 방법: 반복된 행동을 구체적으로 기록해 전담복지사에게 전달합니다.

4. 재배정이나 조정 요청을 주저하지 않기

· 이유: 돌봄제공자의 안전 확보는 서비스 지속성의 핵심입니다.
· 방법: 전담복지사와 협의해 방문 교체·조정 등을 적극 검토합니다.

주의할 점

· 신체적 불편감을 느끼면 명확히 표현하고 즉시 보고합니다.
· 불쾌한 경험 이후에는 심리적 안정을 회복할 시간을 확보합니다.
· 안전에 위협이 느껴지면 방문을 중단하고 즉시 지원을 요청합니다.

사례 3. "나는 밤에 더 외로워요"
가까움보다 안전한 거리를 우선하는 용기

75세 ○○○ 어르신은 평소 외로움을 자주 토로하셨다.

"요즘은 사람이 너무 그리워요."
"혼자 있으면 선생님 생각나요."

이런 말씀을 들을 때마다 그 마음을 헤아리고자 했다. 그러나 어느 날부터 말의 온도가 조금씩 달라졌다.

"선생님이 꿈에 나오더라고요."
"밤에 너무 외로운데, 선생님 손이 따뜻했어요. 다시 잡고 싶어요."
"선생님이 옆에 있어주면 얼마나 좋을까요…"

처음에는 농담으로 들렸지만, 표현이 반복될수록 단순한 외로움의 하소연이 아니라 관계의 경계를 흐릴 수 있는 신호라는 생각이 들었다.

'어르신의 진심 어린 외로움일까, 아니면 나에게 기대려는 감정일까?'
'선을 그으면 어르신이 상처받지 않을까?'
'이대로 두면 더 큰 오해가 생기지는 않을까?'

어르신의 감정을 존중하고 싶은 마음과 전문적 역할을 지켜야 한다는 책임 사이에서 판단이 쉽지 않았다. 감정적 혼선을 막기 위해 전담복지사에게 상황을 공유했다.

그는 내 설명을 차분히 들은 뒤, 감정적 의존이 더 깊어지기 전에 적절한 조율이 필요하다고 조언했다.

우리는 대화 주제를 일상과 건강 중심으로 재조정하고 관계의 간격을 천천히 회복하는 방향을 논의했다. 이후 감정적 혼선을 줄이기 위해 성별을 고려해 남성 돌봄제공자로의 재배정을 결정했다.

인수인계를 차분히 마무리하며 돌봄은 끊김 없이 이어졌다. 얼마 후 우연히 마주친 어르신은 밝은 얼굴로 자연스럽게 인사를 건넸다. 그 모습을 보는 순간 이번 조정이 어르신과 나 모두에게 필요한 선택이었음을 확신하게 되었다.

감정이 깊어질수록 필요한 것은 더 가까움이 아니라, 오히려 역할을 분명히 하기 위한 차분한 거리이다.

돌봄에서는 서로의 감정이 얽히지 않도록 관계의 간격을 조정하는 일이 오래 지속되는 돌봄의 안정성을 지켜준다는 사실을 더욱 분명히 알게 되었다.

돌봄의 감각

이 사례는 외로움과 애착의 경계에서 감정을 구분하는 감각을 보여줍니다. 돌봄 현장에서 외로움은 매우 흔한 정서이지만, 그 감정이 특정 돌봄제공자에게 과도

하게 향할 때는 관계의 균형이 무너지고, 정서적 의존으로 이어질 위험이 있습니다.

돌봄제공자는 어르신의 외로움을 '감정적 표현'으로만 해석하지 않고, 그 안에 담긴 관계 욕구와 심리적 신호로 이해할 필요가 있습니다. 감정을 공감하되, 개인적 친밀감으로 받아들이지 않는 것이 중요합니다.

이때 필요한 것은 단절이 아니라 조율의 기술입니다. 어르신의 감정을 존중하면서도, 대화의 주제를 일상과 건강, 사회적 활동 등으로 자연스럽게 전환함으로써 관계의 온도는 유지하되 거리는 건강하게 조정할 수 있습니다.

가까움보다 안전한 거리를 지키는 일은 냉정함이 아니라 지속 가능한 따뜻함을 위한 선택입니다. 돌봄에서의 '용기'란 때로는 한 걸음 물러나 서로를 지키는 힘입니다.

포인트 박스

- 외로움은 존중받아야 하지만, 그 표현 방식이 타인의 경계를 침범해서는 안 됩니다.
- 돌봄제공자는 감정의 미묘한 온도를 읽고 관계의 거리를 조율할 수 있는 감각이 필요합니다.

마음에 남은 한 줄

"거리를 두는 용기야말로, 관계를 오래 지키는 진정한 힘입니다."

돌봄현장 실전 팁

"외로움의 표현이 선을 넘을 때, 어떻게 대응하는 것이 현명할까요?"

1. 감정의 방향을 구분하기

- 이유: 외로움이 특정 사람에게 집중될 때는 관계의 균형이 무너질 수 있습니다.
- 방법: 어르신의 감정을 '나에 대한 관심'이 아니라 '관계의 욕구'로 인식하며, 감정의 초점을 서비스 전체로 확장합니다.

2. 관심의 초점을 감정에서 일상으로 돌리기

- 이유: 감정적 대화가 이어질수록 의존이 깊어질 수 있습니다.
- 방법: "요즘 산책 나가셨나요?"처럼 생활 주제로 대화를 전환해 안정감을 회복합니다.

3. 감정의 변화를 기록하고 공유하기

- 이유: 반복되는 표현이나 분위기 변화를 객관적으로 기록하면, 문제를 조기에 조율할 수 있습니다.
- 방법: 구체적인 언행과 시점을 메모해 전담복지사와 함께 상황을 점검합니다.

4. 관계를 조정할 때는 단절보다 전환을 선택하기

- 이유: 담당 변경이 거절로 느껴지면 상처가 남을 수 있습니다.

· 방법: "이제 다른 선생님과 조금 다른 방식으로 돌봄이 이어질 거예요."처럼 관계의 이어짐을 강조하며 전달합니다.

주의할 점

· 감정의 방향이 개인에게 집중될 때는 초기에 전담복지사와 상의해 조율합니다.
· 감정적 호응보다 일상의 흐름을 회복시키는 대화가 더 효과적입니다.
· 관계 조정은 '중단'이 아닌 '안전을 위한 전환'으로 이해합니다.
· 돌봄제공자 자신이 정서적 피로를 느낀다면, 잠시 거리를 두고 지원체계 안에서 감정을 정리합니다.

9장 마무리

다정함만으로는 돌봄을 오래 이어갈 수 없습니다. 지켜야 할 거리가 있어야 합니다. 불편함을 느꼈다면, 그것은 이미 내 자리가 흔들리고 있다는 신호입니다.

돌봄제공자는 참는 사람이 아니라, 자신을 지킬 권리가 있는 사람입니다. 선을 그었다고 해서 관계가 멀어지는 것은 아닙니다. 그 선이 있어야 관계는 오래 이어질 수 있습니다.

돌봄에서 지켜야 할 대상은 어르신만이 아닙니다. 그 곁에 선 나 자신도 포함됩니다. 나를 지키는 것이, 돌봄을 오래 지켜내는 길입니다.

Part 3.
관계의 다음을 이어가는 기술

돌봄은 끝나지 않습니다.
더 깊어진 마음이
다시 누군가의 곁에 섭니다.

때로는 이별을 준비해야 하는 순간들이 찾아옵니다.
그러나 작별 이후에도 남는 것은 함께했던 시간의 온기와 신뢰입니다.

한 사람과 나눈 진심어린 관계는 사라지지 않고 다른 모습으로 이어져
또 다른 동행의 시작이 됩니다.

우울을 알아차리는 감각과 돌봄

우울은 소리 없이 찾아옵니다.

"배가 고픈 줄도 모르겠어요."
"그냥 아무것도 하기 싫네요."

격한 말보다, 작은 언어와 무언의 행동으로 먼저 다가옵니다. 매일 마시던 커피를 끊고, 자주 하던 인사를 멈추고, 눈빛이 아래로 향할 때. 어르신을 둘러싼 익숙한 리듬이 달라지는 순간, 살핌은 시작됩니다.

이 변화는 단순한 기분 탓이 아닙니다. 식사 거부, 수면 장애, 무기력처럼 삶을 무너뜨리는 위험 신호일 수 있습니다. 그래서 돌봄제공자는 무엇을 말했는가보다, 무엇이 사라졌는지를 살펴야 합니다.

이 장은 그렇게 말보다 먼저 도착하는 마음의 변화를 조용히 듣고, 알아차리는 감각에 대한 이야기입니다.

사례 1. 갑작스러운 상실 이후, 의미를 잃어가는 하루

평온한 일상 뒤에 숨어 있던 조용한 우울의 그림자

81세 ○○○ 어르신은 남편을 떠나보낸 뒤 10년 가까이 혼자 지내오신 분이다. 평소 사람을 따뜻하게 대하셔서, 집에 들르는 이웃들에게 건넬 작은 간식도 늘 준비해두곤 하셨다. 마을회관에도 종종 들르며 일상을 활기 있게 이어오셨다.

그러던 올봄, 오랫동안 가까이 지내며 마음을 나누던 이웃 ○○○씨가 갑작스럽게 세상을 떠나면서 어르신의 일상에도 깊은 빈자리가 생기기 시작했다. 그 무렵부터 목소리는 한층 가라앉았고, 통화에서도 말씀이 쉽게 이어지지 않았다.

얼마 후 전화를 드렸을 때도 상황은 크게 다르지 않았다.

"그럭저럭 지내요."

예전 같으면 먼저 날씨나 마을 이야기를 건네시던 분인데, 이제는 한두 마디로만 짧게 응답하셨다. 그즈음 마을회관에도 잘 나가지 않는다는 이야기가 들려와 마음이 더 무거웠다. 직접 방문했을 때는 변화가 더 뚜렷했다. 창문은 모두 닫혀 있었고, 평소 정갈했던 거실은 며칠째 손길이 닿지 않은 듯 어수선했다. 냉장고 속 반찬도 그대로였고, 식사와 수면이 무너지고 있다는 것이 한눈에 보였다. 옷차림도 며칠째 같아 보였다.

소파에 앉아 계시던 어르신은 고개를 천천히 숙이며 조용히 말씀하셨다.

"나는 이제… 아무 의미 없는 사람 같아요."

그 말에는 상실의 충격과 관계의 단절, 그리고 조용히 드리운 우울의 그림자가 섞여 있었다. 섣부른 위로는 오히려 마음을 닫게 할까 두려웠고, 아무 말 없이 지나치는 것도 위험해 보였다. 그래서 지금 할 수 있는 작은 시도부터 해보기로 했다. 조심스럽게 불을 켜고 찻잔에 따뜻한 물을 따라 드렸다. 어르신은 찻잔을 두 손으로 감싸 쥐고 한참 바라보셨다.

잠시 후, 햇빛이 좋아 "어르신, 현관 앞까지만 바람이라도 잠깐 쐬어볼까요?" 라고 조심스레 제안했다. 처음에는 주저하셨지만, 곧 천천히 자리에서 일어나 밖으로 걸음을 옮기셨다. 햇살을 받으시는 모습을 보니, 표정이 조금 편안해 보였다.

실내로 들어오신 뒤, 어르신을 살피며 조심스럽게 말을 건넸다.

"요즘 마음이 많이 무거우셨잖아요. 어르신 이야기를 편하게 들어드리는 선생님들이 계세요. 원하시면 제가 연결해드릴게요."

어르신은 한동안 말을 고르듯 가만히 계시다가 조용히 말씀하셨다.

"근데… 내가 뭘 어떻게 해야 할지 모르겠어."

즉각적인 수용은 아니었지만, 거부의 기색도 아니었다. 어르신의 속도를 존중하며 전담복지사에게 상황을 공유했고, 노인상담센터의 초기 상담을 안내해드렸다.

며칠 후 어르신은 상담센터를 한 차례 들르셨다.

"한 번 가봤어. 뭐… 얘기는 하긴 했지."

크게 달라진 것은 아니었지만, 전보다 조금은 편안해 보이셨다.

그즈음부터 어르신의 일상에도 작은 변화들이 보이기 시작했다. 어떤 날은 차를 마시며 창밖을 조용히 바라보고 계셨고, 어떤 날은 "오늘은 좀 씻고 싶더라고요."라며 옷을 갈아입고 계셨다. 냉장고에는 전보다 정돈된 반찬들이 들어 있었고, 창문을 열어 햇살을 받으며 앉아 계신 모습도 보였다.

그 작은 움직임들이 이어지면서, 어르신의 분위기에도 조금씩 온기가 돌기 시작했다. 짧게만 응하시던 말투도 부드러워졌고, 가끔은 먼저 이야기를 건네시기도 했다.

그 변화는 완전한 회복을 뜻하는 건 아니었다. 슬픔은 여전히 남아 있었고, 외로운 밤도 있었다. 그러나 어르신은 자신만의 속도로, 무너졌던 일상의 리듬을 서서히 되찾아가고 있었다.

그 작은 변화들은 다시 하루를 살아낼 힘으로 이어지고 있었다.

돌봄의 감각

이 사례는 우울이 격렬한 감정보다 조용하게, 관계의 끊김 속에서 시작된다는 것을 보여줍니다. 돌봄제공자는 어르신의 표정과 말투, 닫힌 창문과 비어 있는 냉장고 속에서 작은 무너짐의 신호를 감지했습니다. 중요한 것은 감정을 해결하려 들지 않고, 곁에서 일상을 조금씩 회복하도록 지켜본 점입니다.

따뜻한 물 한 잔, 정돈된 반찬, 잠깐의 햇빛 같은 작은 변화가 마음의 문을 여는 시작이 될 수 있었습니다.

포인트 박스

- 우울은 "힘들다"고 말하지 않습니다. 대신 조용히 관계를 끊고 관심을 밀어냅니다.
- 돌봄제공자는 그 작은 단절의 징후를 가장 먼저 감지하는 사람입니다.

마음에 남은 한 줄

"말보다 먼저 무너지는 것은, 일상의 리듬입니다."

돌봄현장 실전 팁

"말은 없는데, 뭔가 다릅니다" – 이 조용한 우울, 어떻게 감지하고 대응할 수 있을까요?

1. '괜찮아요'라는 말을 그대로 믿지 않기

- 이유: 대화가 짧아지고 어조가 달라지는 것은 감정이 닫히는 첫 신호일 수 있습니다.
- 방법: 말의 내용보다 말의 양, 속도, 흐름을 세심하게 관찰합니다.

2. 생활의 리듬이 끊긴 부분 살피기

- 이유: 닫힌 창문, 꺼진 TV, 손대지 않은 음식, 정리되지 않은 부엌 등은 마음이 멈춘 흔적일 수 있습니다.
- 방법: 평소와 다른 환경 변화를 발견하면 기록으로 남겨 다음 조치가 이어지도록 합니다.

3. 공간부터 천천히 열어가기

- 이유: 공간의 변화가 감정의 움직임을 이끌 수 있습니다.
- 방법: 불을 켜고, 찻잔에 따뜻한 물을 따라 드리며, 조용히 환기를 돕습니다.

4. 몸이 움직일 수 있는 제안 꺼내기

- 이유: 우울을 흔드는 첫 움직임은 말보다 '걸음'일 수 있습니다.
- 방법: "잠깐 바람 쐬실래요?", "오늘 햇빛이 좋아요."처럼 부담 없는 외출을 권유합니다.

주의할 점

- 어르신의 '괜찮다'는 말 뒤에 있는 감정을 세심히 살핍니다.
- 우울을 나이 듦이나 성격의 문제가 아닌 감정의 신호로 이해합니다.
- 위로나 해결 시도보다 공감과 안전감으로 마음을 엽니다.
- 어르신의 반응이 미약해도 돌봄의 지속성을 유지합니다.
- 목표를 '기분 회복'이 아니라, 어르신이 안전하다고 느끼는 시간을 만드는 것'에 둡니다.

사례 2. 멈춰버린 시간 속에서

상실 이후, 마음의 문을 걸어 잠근 어르신

78세 ○○○ 어르신은 2년 전 둘째 딸을 갑작스러운 사고로 잃은 뒤, 일상의 중심을 잃은 채 지내고 계셨다. 식사나 산책 같은 생활의 변화보다 먼저 눈에 들어온 것은, 어르신의 시선이 머무는 방식이었다. 말을 건네면 한 박자 늦게 돌아오는 대답, 그리고 종종 멈춰 있는 듯한 표정이 이어지곤 했다. TV 속 드라마는 늘 켜져 있었지만, 그 화면 속으로 마음이 들어가지 못하는 듯했다.

집 안은 큰딸 덕분에 기본적인 정리가 유지되고 있었지만, 어르신의 하루는 여전히 그날에 머물러 있는 느낌이었다. 큰딸은 "엄마가 저만 보면 동생 생각이 더 난대요…"라며 울먹였다. 다가가고 싶은 마음과 더 아파질까 두려운 마음이 함께 얹힌 얼굴이었다.

전화를 받지 않는 날이 많으시다는 큰딸의 이야기를 들으며, 겉으로는 생활이 이어지는 듯해도 마음은 여전히 닫혀 있음을 느꼈다. 그래서 성급한 위로나 조언보다, 정해진 방문 시간 동안 조용히 곁에 머무르는 방식을 선택했다. 달력을 정리하거나 작은 집안일을 하며 자연스럽게 시간을 함께했다. 침묵이 흘러도 어색하지 않도록, 한 걸음 떨어져 있지만 곁에 있는 마음으로 머물렀다.

어느 날, 빈칸만 가득한 달력을 보며 가볍게 말했다.

"어르신, 이 달력에 제가 오는 날 말고… 좋았던 날씨라도 한 번 적어보시면 어떨까요?”

어르신은 잠시 달력을 바라보기만 하셨다. 대답이 없었지만, 그 침묵도 괜찮았다. 또 다른 날, 어르신은 고개를 숙인 채 사진을 바라보며 아주 조용히 말하셨다.

“이 아이… 어디 갔을까.”

며칠 뒤, 둘째 딸 사진이 걸린 벽 앞에서 조심스럽게 말을 건넸다.

“어르신, 둘째 따님이 어디에 계시든… 어르신 마음속에서는 늘 함께 계실 거예요.”

어르신은 눈을 한 번 감았다 뜨며 낮게 되뇌이셨다.

“…그렇겠지.”

큰 변화는 아니었지만, 깊이 가라앉아 있던 마음이 아주 조금 흔들린 듯 보였다. 그 후에도 어르신의 일상은 크게 달라지지 않았다. 다만, 가끔 아주 작은 움직임들이 보였다. 어느 날은 큰딸이 챙겨온 반찬이 조금 덜어져 있었고, 또 어느 날은 날씨 이야기를 아주 짧게 건네시기도 했다. 달력 한쪽에는 이전엔 없던 글씨가 적혀 있었다. ‘맑음.’

그리고 어느 날 방문했을 때, 주방 불이 켜져 있었다. 늘 어둡게만 보이던 공간에 켜진 작은 불빛이 유난히 눈에 들어왔다. 어르신은 주전자에 물을 올리고 계셨다.

"차라도 한 잔 드릴까 해서요."

그 모습을 보는 순간, 마음 한편이 조용히 따뜻해졌다. 누군가를 위해 무언가를 준비한다는 행동은, 멈춰 있던 시간이 다시 조금씩 움직이기 시작했다는 신호처럼 느껴졌다.

이 변화들이 극적인 회복을 의미하는 것은 아니었다. 슬픔은 여전히 어르신의 곁에 있었다. 사진 앞에서 눈시울이 붉어지는 날도, 말없이 창밖을 바라보는 시간도 여전했다. 그럼에도 어르신은 아주 조심스러운 걸음으로 오늘을 이어가고 계셨다.

돌봄의 감각

이 사례는 상실 이후에도 생활은 이어지지만, 마음은 깊게 닫혀 있을 수 있음을 보여줍니다. 슬픔은 겉으로 드러나는 행동보다 말수·시선·반응의 속도 같은 미세한 신호에 먼저 나타나곤 합니다.

돌봄제공자의 감각은 닫힌 마음을 열려고 애쓰는 데 있지 않습니다. 대신 서두르지 않는 동행, 작은 제안, 예측 가능한 방문, 말보다 침묵으로 머무는 태도가 마음에 스며들 수 있는 시간을 만들어 줍니다.

달력에 적힌 '맑음', 켜진 불빛, 끓는 차물처럼 아주 작은 변화들을 신호로 받아들이고, 그 변화가 이어질 수 있도록 조용히 기다리는 것이 이 상황에서의 돌봄입니다.

포인트 박스

- 생활이 유지되고 있다고 해서 마음이 괜찮은 것은 아닙니다.
- 큰 변화보다 '작은 움직임'을 읽어내는 감각이 상실 이후 돌봄에서 특히 중요합니다.

마음에 남은 한 줄

"닫힌 마음은 억지로 여는 것이 아니라, 곁에서 오래 머물며 열릴 때까지 기다리는 것입니다."

돌봄현장 실전 팁

"닫힌 마음 앞에서, 어떻게 기다릴 수 있을까요?"

1. 생활의 외형과 감정의 신호를 구분하기

- 이유: 정리된 집, 준비된 반찬이 '마음의 안정'을 의미하지는 않습니다.
- 방법: 눈빛, 반응 속도, 말수, TV·창문·조명 같은 환경 변화를 함께 살핍니다.

2. 큰 변화 대신 '작은 제안'으로 동행하기

- 이유: 깊은 상실 속에서는 작은 움직임이 가장 안전한 회복의 시작입니다.
- 방법: "창문 조금만 열까요?", "햇빛이 좋네요"처럼 부담 없는 제안을 건넵니다.

3. 직접적인 위로보다 '존중의 침묵'으로 곁에 머물기

· 이유: 상실의 고통은 해결이 아니라 '지켜보는 시간'이 필요합니다.
· 방법: 짧게 감정을 인정하고, 필요 이상의 말을 덧붙이지 않습니다.

4. 예측 가능한 방문으로 안정감을 쌓기

· 이유: 정해진 시간에 오는 사람의 존재는 마음을 다시 열 수 있는 중요한 힘입니다.
· 방법: 방문 주기와 시간을 일정하게 유지하고 작은 변화는 기록으로 남깁니다.

주의할 점

· "시간이 지나면 괜찮아진다" 같은 피상적 위로는 피합니다.
· 감정의 깊이를 단정하거나, 행동 변화를 요구하지 않습니다.
· 생활 유지와 마음의 회복을 동일시하지 않습니다.
· 어르신의 속도를 기준으로 접근하며, 조급함 없이 신뢰를 쌓습니다.
· 상실의 감정은 '해결하는 문제'가 아니라, '함께 견뎌내는 과정'임을 기억합니다.

사례 3. 삶을 붙드는 작은 마음

깊은 우울 속, 조용한 돌봄의 연결

76세 ○○○ 어르신은 오랜 시간 깊은 어둠 속을 지나고 계셨다. 몇 해 전 스스로 생을 마감하려 했던 사건 이후, 이혼과 자녀들과의 단절은 어르신의 마음을 더욱 고립되게 했다. 한때는 가족을 위해 쉼 없이 일하던 가장이었지만, 지금의 하루는 외부와 거의 단절된 채 집 안에서 조용히 흘러가고 있었다. 정기적으로 찾아뵈었지만, 대화는 늘 문 앞에서 멈추곤 했다.

"괜찮습니다. 혼자가 편해요."

질문을 드려도 고개만 돌리며 짧게 대답하셨다. 어르신의 말보다 더 크게 다가온 것은, 생기를 잃은 시선과 침묵의 길이가 조금씩 길어지고 있다는 점이었다. 자살 시도 이력이 있는 만큼, 나는 일상의 아주 작은 흔들림도 놓치지 않으려 했다.

'지켜보되 감정의 거리를 유지하는' 균형을 지키며 방문을 이어가던 중, 집 안의 분위기가 또렷하게 변한 날이 있었다. 전기밥솥에는 며칠째 조리된 흔적이 없었고, 부엌 어디에서도 식사를 준비한 자취가 보이지 않았다. 하루의 흐름이 멈춰 선 듯한 공기가 느껴졌다. 그때 어르신은 고개를 떨군 채 나직이 말씀하셨다.

"요즘은… 아무 것도 먹고 싶지 않아요."

그 말은 단순한 끼니 문제가 아니었다. 살아가려는 최소한의 힘까지 크게 약해지고 있음을 알리는 신호였다.

나는 이 변화를 그냥 넘길 수 없었다. 식사량이 줄어든 흔적, 개인 위생이 예전만큼 유지되지 않은 모습들, 잠을 설친 듯한 피로 같은 단서들을 차근히 기록해 전담복지사에게 바로 공유했다.

혹시 도움이 필요할 상황에 대비해, 정신건강복지센터와의 연결 가능성이나 응급 연락망도 다시 점검해 두었다. 전담복지사와 상의 끝에, 당분간 방문 간격을 조금 더 좁혀 보기로 했다. 예측 가능한 만남이 어르신에게 최소한의 생활 리듬을 만들어줄 수 있다는 판단이었다.

시간이 지나면서, 아주 미세하지만 이전과는 조금 다른 순간들이 눈에 들어오기 시작했다. 어느 날 어르신 댁을 방문했을 때, 노크를 하자 안쪽에서 작은 기척이 들렸다. 방문 시간을 기다리고 계셨던 것 같았다. 그동안 노크를 해도 한참 뒤에야 반응하시던 때와는 달랐다. 또 다른 날에는 대화를 마무리하고 일어서는데, 뒤에서 어르신의 목소리가 들렸다.

"조심히 가세요."

예전 같으면 고개만 끄덕이시던 분이 말로 배웅을 하신 것이었다. 그 변화는 아주 작았지만, 긴 침묵 속에서도 관계를 완전히 놓고 있지는 않다는 것을 조용히 알려주었다.

나는 서두르지 않고, 어르신의 속도에 맞춰 곁을 지켜보기로 했다. 이 시기에는 말보다 관찰이 먼저 닿고, 해결보다 기다림이 먼저 필요하다는 것을 알고 있었기 문이다.

우울은 요란한 신호로 오지 않는다. 그래서 더 세심한 눈과 귀가 필요했다. 어르신 곁에서 작은 흔적을 읽어내고, 그 안의 마음을 놓치지 않는 일— 그것이 이 시간의 돌봄이 할 수 있는 가장 중요한 역할이었다.

돌봄의 감각

이 사례는 깊은 우울 속에서 생활의 리듬이 무너진 어르신을, 돌봄제공자가 '감정의 단절'이 아니라 위기 신호로 읽고 대응한 과정을 보여줍니다. 말은 거의 닿지 않았지만, 식사 흔적이 사라지고 세면·정리 같은 기본 생활 루틴이 흔들리기 시작하면서 정서적 위험의 초기 신호가 분명해졌습니다.

돌봄제공자는 감정적으로 휩쓸리지 않기 위해 거리를 지키면서도, 관찰한 변화들을 기록 → 전담 공유 → 대응 계획 논의로 이어갔습니다. 필요 시 정신건강복지센터 등 전문기관과의 연결 가능성도 사전에 점검하며 안전망을 준비한 것도 중요한 대응입니다.

특히 자살 시도 이력이 있거나 장기간 단절이 지속되는 경우, 작은 변화라도 "괜찮아지겠지"라고 넘기지 않고 빠르게 협력 체계를 작동시키는 것이 생명을 지키는 힘이 됩니다. 돌봄은 혼자 모든 걸 해결하려는 부담이 아니라, 관계망을 작동시켜 어르신이 안전한 틀 안에서 다시 일상을 붙잡을 수 있도록 돕는 일입니다.

포인트 박스

· 우울은 말보다 생활의 무너짐에서 먼저 드러납니다.
· 돌봄의 핵심은 '관찰 후 연계'입니다. 혼자 판단하지 않고 즉시 상의합니다.
· 기다림과 개입의 균형을 지키며, 어르신이 스스로 회복할 수 있는 여지를

남깁니다.

마음에 남은 한 줄

“기다림만으로는 지킬 수 없는 순간이 있습니다. 그때 필요한 건, 조용하지만 단호한 행동입니다.”

돌봄현장 실전 팁

“깊은 우울 속에서 닫힌 어르신의 마음, 어떻게 신호를 감지하고 대응할 수 있을까요?”

1. 침묵 속 변화를 관찰하고 기록하기

- 이유: 대화가 없더라도 환경과 일상의 변화는 중요한 위험 단서입니다.
- 방법: 식사 흔적, 생활 루틴의 무너짐, 방문 응대 변화 등을 빠짐없이 기록합니다.

2. 반복된 말·행동을 정서적 신호로 보기

- 이유: “아무 것도 먹고 싶지 않다”는 말은 단순한 식사의견이 아닙니다.
- 방법: 최근 변화와 함께 기록하고 전담복지사에게 바로 공유합니다.

3. 안부보다 ‘위험 가능성’을 먼저 확인하기

- 이유: 우울의 깊이가 생활의 기본 루틴에서 가장 먼저 드러납니다.

· 방법: 전기밥솥·조리 흔적·식사 주기·수면 양 같은 생존 지표를 함께 확인합니다.

4. 협력 네트워크를 작동시키기

· 이유: 혼자 대응하기에는 한계가 있습니다.
· 방법: 전담복지사와 논의해 방문 간격 조정 및 정신건강복지센터 등 전문기관과의 연계 가능성을 검토합니다.

5. 작은 반응이라도 관계의 끈으로 이어가기

· 이유: "문을 열기"보다 "문 앞을 지키기"가 회복의 첫걸음입니다.
· 방법: 정해진 시간에 꾸준히 방문하고, 기다림 속에서 나타나는 조그마한 반응도 놓치지 않습니다.

주의할 점

· 우울의 징후를 성격으로 단정하지 않고, 생활 변화의 누적 패턴으로 이해합니다.
· "괜찮다", "혼자가 편하다" 속에도 위험 신호가 숨어 있을 수 있습니다.
· 자살 관련 발언·식사 거부·생활 리듬 붕괴 등은 즉시 전담복지사에게 보고합니다.
· 필요 시 129 또는 지역 정신건강복지센터와 연계해 전문적 개입이 이루어지도록 합니다.
· 위로보다 안전을 우선하며, 작은 변화라도 반드시 기록 → 공유합니다.

10장 마무리

우울은 말 없이 스며듭니다. 짧아진 대답, 느려진 움직임, 하나씩 빠져나가는 생활의 리듬. 관심을 두지 않으면, 그 변화는 금세 지나쳐 버립니다.

돌봄제공자는 전문치료자는 아니지만, 가장 가까이에서 어르신의 미세한 변화를 지켜보는 사람입니다. "괜찮아요"라는 말 속에 숨은 침묵을 읽어내고, 꺼져가는 감정의 불씨가 완전히 사라지지 않도록 곁을 지키는 사람입니다.

우울은 단번에 사라지지 않습니다. 우리가 할 수 있는 일은 끝까지 기다려주는 일, 움직이지 않는 마음 앞에서 함께 머물러 주는 일입니다.

그 기다림이야말로, 어르신의 삶을 붙드는 가장 중요한 돌봄입니다.

11장 가족이 있어도 혼자인 어르신

보호자와의 의사소통, 그 섬세한 거리두기

가족은 있지만, 혼자이기도 합니다. 연락은 드물고, 마음의 문은 오래 닫혀 있습니다. 돌봄은 이름만 남은 채, 어르신은 여전히 고립되어 있습니다. 돌봄제공자는 그 관계의 틈에 서게 됩니다. 때로는 말 한마디가 어르신에게는 상처가 되고, 보호자에게는 불쾌함이 될 수 있는 자리입니다.

감정에 휩쓸리다 보면, 어르신의 마음을 지키는 일은 뒷전이 되기도 합니다. 이 관계는 단순히 거리를 두는 일이 아니라, '조율하며 이어가는' 기술이 필요합니다. 감정에 휘말리지 않고, 어르신의 마음을 지키면서도 보호자와 손을 잡을 수 있는 여지를 남겨야 합니다.

가족은 여전히 중요한 돌봄의 자원입니다. 지금은 멀리 있어도, 가장 가까운 회복의 시작점이 될 수 있습니다. 그래서 그들을 멀리만 두지 않고, 다시 당을 수 있는 섬세한 가능성을 남겨두는 것. 이 장은, 그 가능성을 지키는 이야기입니다.

사례 1. 연락을 원치 않는 어르신
가족이 있어도, 스스로 지키고 싶은 생활

77세 ○○○ 어르신은 고혈압과 당뇨가 있어 식사 준비와 약 복용에 꾸준한 도움이 필요했다. 집 안은 늘 정돈되어 있었지만, 냉장고에는 김치 한 통과 우유 한 팩이 전부였고, 식탁 위에는 라면 봉지가 몇 개씩 놓여 있었다. 깔끔한 겉모습 뒤로 생활의 빈틈이 조금씩 드러나고 있었다.

어느 날 방문했을 때였다. 현관문을 열자마자 타는 냄새가 확 올라왔다. 주방에는 시커멓게 탄 냄비가 가스레인지 위에 그대로 있었고, 연기가 희미하게 퍼지고 있었다.

"아이고, 깜빡하고 불에 올려놨다가… 잠시 졸았나 봐요."

어르신의 손등에는 화상 자국이 선명했다. 말투는 담담했지만, 그 '깜빡했다'는 말이 단순한 실수만은 아닌 듯했다. 최근 들어 약 먹는 시간을 자주 놓치고, 같은 이야기를 반복하는 일이 늘어나고 있었다.

나는 조심스럽게 말을 꺼냈다.

"어르신, 혹시 자녀분께 한 번 연락해보는 게 어떨까요? 걱정하실 텐데…."

그러자 어르신은 고개를 저으며 단호하게 대답했다.

"아니야, 그 애들한텐 전화하지 마. 벌써 코로나 때문에 한 번 난리가 났는데, 또 걱정시키고 싶지 않아. 다 자기 살기 바쁜데, 괜한 일로 불편하게 만들고 싶지 않다고."

그 말에는 자식들에게 짐이 되고 싶지 않은 마음이 담겨 있었다. 어르신은 이어서 말했다.

"큰애는 회사 일로 바쁘고, 작은애는 애기 키우느라 정신없어. 내가 괜찮다고 하면 되는 거 아니야?"

그 말을 들은 뒤, 자녀에게 먼저 연락하진 않기로 했다. 대신 어르신의 손 상태를 확인하고, 화상 연고를 발라드리며, 가스레인지 사용법을 다시 점검해드렸다.

억지로 닫힌 문을 열려 하지 않되, 생활 속 위험에 대비할 수 있도록 조용히 점검하며 어르신이 스스로 마음을 여실 때까지 신뢰를 쌓아가기로 했다.

며칠 뒤, 혈압약과 당뇨약이 든 약봉지가 식탁 위에 그대로 놓여 있는 것을 발견했다. 복용 체크표를 봐도 이틀째 표시가 비어 있었다.

"어르신, 약은 드셨어요?"
"아, 그게… 요즘 자꾸 놓쳐서 말이야."

어르신은 애써 웃으며 말했지만, 잠시 후 조용히 덧붙였다.

"사실은… 나이 드니까 겁이 많아졌어. 혼자 있으면 가끔 무서울 때도 있고. 그래도 애들한텐 아직은 말하고 싶지 않아. 알면 당장 요양원 보내자고 할 테니까."

그 마지막 말에서 어르신의 진짜 두려움이 드러났다. 자녀에게 연락하는 순간, 스스로 잘 지내고 있다는 믿음이 흔들릴까 하는 불안이었다.

나는 여전히 어르신의 선택을 존중했다. 대신 약 복용 알람을 휴대폰에 설정해 드리고, 가스차단기 사용법을 다시 알려드렸다. 동시에 혹시 모를 응급상황에 대비해 자녀 연락처와 129·응급의료기관 번호를 함께 정리해 냉장고에 부착하고, 기관 기록에도 별도로 공유했다.

어르신이 원하는 속도로 마음을 여는 것을 기다리면서도, 안전망은 미리 준비해두는 것. 그 섬세한 균형이, 자녀가 있어도 스스로의 생활을 지키고 싶어 하는 어르신께 꼭 필요한 방식이라는 생각이 들었다.

돌봄의 감각

이 사례는 가족이 있어도 스스로 관계를 닫아두려는 어르신의 마음을 보여줍니다. "왜 가족에게 연락하지 않으세요?"라는 질문보다, 그 말을 하게 된 이유를 듣는 태도가 먼저입니다.

돌봄제공자는 어르신의 선택을 존중하되, 생활 속 위험 징후를 감정이 아닌 근거로 관찰하고, 필요한 순간에는 조용하지만 확실하게 대비 체계를 작동시켜야 합니다.

'존중'은 마음을 위한 언어지만, '대비'는 안전을 위한 언어입니다. 연락 거부를 단순한 의지로 보지 않고, 그 안에 숨어 있는 두려움과 위험을 함께 살피는 감각이 필요합니다. 따뜻한 공감 위에, 안전을 위한 대응이 더해질 때 비로소 돌봄은 어르신의 '선택'을 지키면서도 '삶'을 함께 지키는 일이 됩니다.

포인트박스

- 가족이 있다는 사실이 반드시 돌봄의 안정성을 보장하지 않습니다.
- 돌봄은 공감과 대응의 균형 위에 서 있습니다.
- 닫힌 마음 앞에서 조급하지 않고, 위험 앞에서는 멈추지 않는 것. 그것이 신뢰입니다.

마음에 남은 한 줄

"연결은 설득이 아니라, 조용한 기다림에서 시작됩니다."

돌봄현장 실전팁

"'가족에게 연락하지 마세요'라는 말 앞에서, 어떻게 반응해야 할까요?"

1. 거절을 판단하지 말고 맥락으로 이해하기

- 이유: 가족 연락 거부에는 '부담 주기 싫다'는 마음과 '스스로 잘 지내고 있다는 믿음이 흔들릴까 하는 두려움'이 함께 있습니다.
- 방법: 즉시 설득하지 말고, 말 뒤의 정서를 메모해 전담복지사와 함께 상황을

검토합니다.

2. 생활 관찰로 신뢰를 쌓기

- 이유: 말보다 일상의 변화가 더 정확한 위험 지표입니다.
- 방법: 식사·약 복용·환경 상태를 주기적으로 점검하고, 작은 변화도 기록합니다.

3. 안전대응은 조용히, 그러나 철저히 하기

- 이유: 감정을 존중하면서도 위기 대응은 돌봄제공자의 중요한 역할입니다.
- 방법: 전담복지사와 상의해 자녀 연락처·응급기관 번호를 내부 기록에 보관하고, 가스차단기·알람기능 등 생활환경의 안전을 점검합니다.

4. 예측 가능한 대응으로 신뢰 쌓기

- 이유: 신뢰는 설득보다 일관된 반응과 준비된 대응 속에서 형성됩니다.
- 방법: 방문 시간뿐 아니라 응급상황 대응과 연락체계에서도 예측 가능한 패턴을 유지합니다.

5. 전문 자원과의 협업을 주저하지 않기

- 이유: 돌봄제공자는 1차 관찰자이지, 단독 해결자가 아닙니다.
- 방법: 위험 징후가 반복되면 전담복지사에게 즉시 공유하고, 필요 시 정신건강복지센터나 보건소 등 지역 자원과 연계합니다.

주의할 점

- 어르신의 "연락하지 말라"는 말은 감정의 거절이 아니라 두려움의 표현일 수 있습니다.
- 가족 연락이나 보호자 보고는 반드시 전담복지사와 협의 후 진행합니다.
- 신뢰가 충분히 쌓이기 전에는 판단보다 경청과 관찰에 집중합니다.
- 응급 위험이 감지되면 즉시 보고·공유·연계합니다.
- 안전대응의 기준을 주기적으로 점검하고, 필요한 순간에는 즉시 실행합니다.

사례 2. 찾아오는 아들과의 갈등

가족이 있어도, 관계는 늘 안정적이지 않다

82세 ○○○ 어르신은 혼자 사는 집에 일주일에 한두 번씩 아들이 찾아왔다.

겉보기에는 돌봄이 잘 이루어지는 것처럼 보였다. 아들은 약을 챙겨주고, 냉장고에 반찬을 채워주며, 병원 진료에도 동행했다. 하지만 시간이 지나면서, 아들 방문 후 어르신의 표정에 작은 무거움이 드러나는 순간들이 있었다. 처음에는 피곤해서 그런가 싶었지만, 반복되는 모습을 보며 조심히 살펴보기로 했다.

며칠 뒤, 어르신이 조용히 말을 꺼냈다.

"와서 늘 화만 내요. '어머니, 왜 약 안 드셨어요.', '집 정리 좀 하세요.', '몸도 안 좋은데 왜 이렇게 고집이세요.' 한 시간 내내 잔소리예요."

어르신의 목소리는 점점 낮아졌다.

"그 애도 직장일로 스트레스가 많은 거 아는데… 나한테 와서 화풀이하는 것 같아요. 숨도 못 쉬겠어요."

그러면서 조금 더 낮은 목소리로 덧붙이셨다.

"그래도… 내 자식이지요. 나쁜 애는 아니에요. 그냥… 내가 요즘 더 못 버티는 건가 싫기도 해요."

그 말이 오히려 더 현실적이었다. 어르신들은 어떤 어려움이 있어도 자식을 나쁘게 말하지 않는다. 감싸고, 이해하고, 스스로를 탓한다. 나는 성급히 개입하기보다, 어르신의 말을 충분히 듣는 시간을 먼저 가졌다. 그리고 상황을 기록해 전담복지사에게 공유했다. '누가 잘못했다'는 판단이 아니라, 어르신이 최근 어떻게 지내고 있는지에 대한 객관적 정보였다.

며칠 뒤 전담복지사와 상의해, 가족에게 직접 연락하거나 관계를 조정하려는 방식이 아니라, 어르신의 정서적 부담을 완충할 수 있는 안전한 방법을 함께 모색했다.

전담복지사는 어르신의 건강 상태와 생활 리듬을 조금 더 안정적으로 유지하기 위한 중립적이고 객관적인 생활 정보만을 아들에게 간단히 안내했다. 예를 들면, "최근 식사량과 약 복용 패턴을 조금 더 주의 깊게 보고 있습니다.", "혈압·당뇨 때문에 생활 리듬이 중요합니다." 정도의 안내였다.

그 안에는 "어르신이 아들 때문에 힘들어 보였다"라는 해석이나 "부드럽게 말해달라"는 요청은 전혀 없었다. 단지 건강 정보의 공유, 돌봄 협력 내용, 필요 시 지원 가능하다는 안내만 전한 것이다.

다행히 아들은 방어적인 반응 없이, "네, 알겠습니다. 제가 더 챙겨보겠습니다." 라고 조용히 답했다.

그 뒤로도 갈등이 완전히 사라진 것은 아니었다. 하지만 예전처럼 긴 시간 무기력하게 주저앉는 모습은 조금 줄어들었다.

어르신은 어느 날 말했다.

"어제는 나보고 '어머니, 많이 피곤하시죠?'라고 물어보더라고요. 그 한마디가 그렇게 고마울 수가 없었어요."

가족 관계를 근본적으로 바꾸거나 대신할 수는 없다. 하지만 돌봄제공자는 그 사이에서 조용히 완충 역할을 하며 어르신의 정서적 부하를 조금 덜어주는 동반자가 될 수 있다. 작은 변화라도 흐름을 살피고, 어르신의 입장에서 안전하게 지지하는 일— 그것이 우리가 할 수 있는 가장 현실적인 도움이라는 생각이 들었다.

돌봄의 감각

이 사례는 가족이 가까이 있어도 정서적 안정이 보장되는 것은 아니라는 점을 보여줍니다. 돌봄제공자는 "가족이 있으니 괜찮다"는 전제보다, 가족 방문이 어르신의 일상과 정서에 어떤 영향을 주는지 사실 중심으로 살피는 감각이 필요합니다.

어르신은 자녀를 탓하기보다 스스로를 먼저 원망하고 감정을 숨기려 했습니다. 이런 모습은 관계의 어려움을 직접 말하기 힘든 어르신들이 보이는 전형적인 신호이기도 합니다.

돌봄제공자가 할 수 있는 일은 갈등을 해결하는 것이 아니라, 어르신이 흔들리지 않도록 정서적 완충 역할을 하는 것입니다. 기록과 관찰을 전담복지사와 공유하고,

필요한 지원이 조용히 준비될 수 있도록 협업하는 방식이 가족 관계를 해치지 않으면서도 어르신의 안전을 지키는 가장 현실적인 접근입니다.

포인트박스

- 가족이 있어도 관계는 늘 안정적이지 않습니다.
- 돌봄제공자는 감정적 충돌을 줄이는 조용한 중재자입니다.

마음에 남은 한 줄

"정서의 균형은, 공감의 말보다 조용한 완충에서 시작됩니다."

돌봄현장 실전팁

"가족 방문이 오히려 어르신의 불안감을 키울 땐, 어떻게 조율해야 할까요?"

1. 방문 전후의 변화를 기록하기

- 이유: 가족 방문이 어르신에게 정서적 파동을 줄 수 있습니다.
- 방법: 표정·식사·말수 등 객관적 변화를 간단히 메모합니다.

2. 직접적인 가족 언급보다 생활 변화를 근거로 대화하기

- 이유: 가족 이야기는 방어심을 자극할 수 있습니다.
- 방법: "요즘 식사량이 조금 줄어드셨어요." 같은 관찰 중심 말로 마음을 엽니다.

3. 반복된 패턴일 때만 개입하기

- 이유: 단기 감정보다 지속적 변화가 개입의 기준이 됩니다.
- 방법: 일정 기간 기록을 토대로 전담복지사와 개입 시점을 협의합니다.

4. 감정보다 사실 중심으로 전달하기

- 이유: "힘들어하세요"보다 "식사량이 줄었습니다"가 방어를 낮춥니다.
- 방법: 중립적 정보만 전달하고 해석은 배제합니다.

5. 전담복지사와 협업해 조용히 지원 체계를 마련하기

- 이유: 가족 갈등은 단독 개입보다 협업 구조가 안정적입니다.
- 방법: 돌봄제공자는 1차 관찰, 전담복지사는 중립적 안내를 담당합니다.

주의할 점

- 가족 갈등을 직접 해결하려 들지 않습니다.
- 전달 시 어르신의 감정을 '해석'해 말하지 않고 사실만 정리합니다.
- 가족과의 소통은 비난이 아닌 협력 요청의 언어로 합니다.
- 어르신과 가족 모두의 입장을 균형 있게 듣는 태도가 기본입니다.

사례 3. 자녀를 기다리던 어르신

그리움 속에서도 다시 이어지는 관계의 자리

76세 ○○○ 어르신은 3년 전 캐나다로 이민 간 딸을 그리워하며 지내고 있었다. 코로나로 얼굴을 못 본 지도 어느새 4년째. 카톡 영상통화를 해보려 했지만 시차와 어르신의 익숙하지 않은 사용 방식 때문에 한동안 연결이 쉽지 않았다.

"요즘은 내가 전화하면 잘 못 받더라고… 손자 얼굴도 잊어버릴까 봐 걱정이야."

어르신의 휴대폰 배경화면에는 몇 년 전 찍은 손자 사진이 그대로였다. 식사는 점점 간편해져 김치·밥, 라면으로 때우는 날이 많았고, 집 안의 가족사진들은 위로가 되기보다 그리움을 더 크게 불러오는 듯했다.

나는 돌봄제공자로서 매번 안쓰러운 마음이 들었지만, "잊으려고 노력하세요", "좋은 생각만 하세요" 이런 말은 더 큰 상처가 된다는 것을 알고 있었다. 그래서 어르신이 스스로 마음을 움직일 수 있는 작은 실마리를 찾기로 했다.

어느 날 방문했을 때, 옷장 한쪽에 오래된 뜨개질 조끼가 보관되어 있는 것이 눈에 들어왔다.

"이거 정말 예쁘게 짜셨네요."
"그거? 예전에 내가 직접 만든 거야. 옛날엔 뜨개질로 용돈도 벌었는데… 지금은 눈도 침침하고…."

그 말이 힌트가 되었다.

다음 방문 때 나는 뜨개실과 바늘을 조심스럽게 꺼냈다. 처음에는 "이 손으로 이제 뭘 한다고…" 하시던 어르신은, 내가 어설프게 코를 잡으려 하자 결국 직접 바늘을 잡고 가르쳐주기 시작했다. 손끝이 움직이자 표정에도 조금씩 힘이 돌아왔다. 딸 생각에서 잠시 벗어나, '지금 여기의 손'에 집중하는 순간이었다.

며칠 뒤 작은 목도리가 완성되자, 나는 제안했다.

"어르신, 복지관 프로그램에 뜨개질 모임이 있던데… 한 번 구경만 해보실래요?"

어르신은 손사래를 치며 말했다.

"내가 거길 가서 뭘 해… 나보다 젊은 사람들 많은 곳 아니야?"

하지만 며칠 뒤, 어르신은 완성한 목도리를 봉지에 담아 조심스럽게 들고 나오셨다.

"잠깐만… 진짜 잠깐만 보고 올게."

그날 복지관에서 다른 어르신들이 "이건 진짜 정교하게 짜셨네요!" 하며 칭찬하자, 어르신의 얼굴에는 오랜만에 환한 미소가 번졌다. 딸을 향한 마음이 사라진 것은 아니었지만, 그리움 사이에 숨 쉴 틈이 생기는 순간이었다.

하지만 모든 게 곧장 나아진 것은 아니었다. 어느 날, 딸에게서 짧은 카톡 메시지가 온 뒤 어르신은 다시 울먹이며 말했다.

"사람들이랑 이야기하면 좋긴 해. 근데 집에 오면… 또 딸 생각이 나. 언제 볼 수 있을까 싶고…."

나는 그 마음을 가볍게 넘기지 않았다.

"그리움이 사라지는 건 아니에요, 어르신. 그만큼 따님을 사랑하신 거니까… 생각나는 건 너무 자연스러운 일이에요."

그제야 어르신은 망설이던 말을 내놓으셨다.

"가끔은… 혼자 있으면 나도 모르게 나쁜 생각이 들어. 딸한테는 말 못 하지. 걱정할까 봐."

시간이 지나며 어르신은 복지관 뜨개질 모임의 단골이 되었다. 여전히 딸과 손자를 그리워했지만, 이렇게 말씀하셨다.

"생각은 늘 나지. 그런데… 하루 종일 그것만 붙잡고 있으면 내가 더 힘들더라고. 이렇게라도 사람들 만나니까 훨씬 낫네."

그리움은 사라지지 않았지만, 그 속에서도 어르신은 자신만의 하루를 다시 세우고 있었다. 나는 그 여정을 조용히 곁에서 지켜보며, 새로운 관계망 속에서 다시 이어지는 어르신의 작은 변화들을 함께 기뻐했다.

돌봄의 감각

이 사례는 가족과의 거리감 속에서 깊은 그리움을 안고 지내는 어르신의 마음을 보여줍니다. 돌봄제공자는 단순한 위로 대신, 어르신의 과거 경험을 다시 불러와 뜨개질이라는 작은 활동으로 일상의 숨구멍을 만들었습니다.

슬픔을 없애려 하기보다 그 감정을 인정하며 곁에 머문 태도는 어르신이 마음을 열게 한 결정적 순간이었습니다. 그 감정 그대로 두되, 어르신이 잠시 기대어 갈 수 있는 새로운 관계로 이어주는 것이 중요한 역할이었습니다.

돌봄제공자는 가족의 빈자리를 대신 채우기보다, 지역사회 활동과의 연결을 통해 어르신이 스스로 삶의 균형을 찾아가도록 돕는 다리가 되었습니다. 기다림만으로 채워지지 않는 시간을, '나를 위한 시간'으로 다시 흐르도록 이끄는 것이 이 돌봄의 핵심이었습니다.

포인트 박스

- 가족이 멀리 있다고 해서 정서적 욕구가 줄어드는 것은 아닙니다.
- 어르신의 옛 경험과 강점을 활용한 제안은 새로운 관계로 이어지는 다리가 됩니다.
- 단절된 가족 관계를 대신하는 것이 아니라, 지역사회 안에서 새로운 관계망을 찾도록 돕는 것이 중요합니다.

마음에 남은 한 줄

"기다림만으로 채워지지 않는 시간에도, 나를 위한 작은 일상은 다시 시작될 수 있습니다.”

돌봄현장 실전팁

“가족은 있지만 연락이 닿지 않을 때, 돌봄제공자는 어떻게 정서적 완충 역할을 할 수 있을까요?“

1. 직접적인 질문보다 자연스러운 대화로 정서를 살피기

- 이유: 가족 이야기를 바로 꺼내면 방어가 생길 수 있습니다.
- 방법: 일상 이야기 속에서 어르신의 표정·반응·움직임을 관찰하며 감정을 읽습니다.

2. 과거 경험을 ‘지금 할 수 있는 활동’으로 자연스럽게 연결하기

- 이유: 이미 익숙한 기술은 자존감을 회복시키는 힘이 있습니다.
- 방법: 예전에 하셨던 취미나 특기를 되살려 작은 성취를 경험할 수 있도록 돕습니다.

3. 상실과 그리움을 부정하지 않기

- 이유: 그리움은 해결해야 할 문제가 아니라 함께 지나가는 과정입니다.
- 방법: “그 마음이 쉽게 사라질 리 없지요.”처럼 감정을 인정하는 언어를 사용합니다.

4. 전담복지사와 협력해 지역사회 자원과 연결하기

- 이유: 복지관·소모임·취미활동 등은 정서적 고립을 완충하는 중요한 통로입니다.
- 방법: 어르신의 속도를 존중하며 활동 참여를 자연스럽게 제안합니다.

주의할 점

- 어르신의 그리움을 단순한 '외로움'으로 보지 않고, 그 안에 담긴 상실의 무게와 일상의 공백까지 함께 이해하려고 합니다.
- 새로운 활동이나 관계망으로의 연결은 어르신의 속도와 의지를 존중하며, 자연스럽게 일상 속에서 동기를 찾아갑니다.

11장 마무리

가족이라고 해서 늘 든든한 울타리가 되는 것은 아닙니다. 어쩌면 가장 가까운 이름이, 가장 멀게 다가올 때도 있습니다. 서로 연결되어 있어도, 그 마음이 이어지지 않을 때가 있습니다.

돌봄제공자는 그 틈을 쉽게 판단하지 않습니다. 말보다 표정을 먼저 읽고, 안부보다 온기를 먼저 감지합니다. 연결을 증명하기보다, 다시 이어질 수 있기를 바라며 조용히 기다립니다.

우리는 어르신의 선택을 존중하면서도, 그 선택이 곧 혼자가 되지 않도록 곁을 지킵니다. 직접 개입하지 않아도, 작은 제안 하나가 관계의 문을 조금씩 열 수 있다고 믿습니다.

돌봄은 가족의 자리를 대신하거나 끊는 일이 아닙니다. 그 곁에서 감정을 완충하고, 다시 이어질 수 있는 여지를 남겨두는 일입니다.

12장

작별을 배우는 일

종결, 상실, 그리고 다시 이어지는 돌봄의 의미

돌봄의 관계는 언젠가 끝을 향해 흐릅니다. 오랫동안 정들었던 어르신과도, 예고 없이 혹은 천천히 다가오는 방식으로 작별은 찾아옵니다. 어떤 분은 병세가 깊어져 요양기관으로 옮겨가고, 어떤 분은 조용히 삶을 마무리하십니다. 그럴 때마다 마음속에서 조용한 질문이 일어납니다.

"나는 이 관계를 잘 정리했는가."

그 질문은 어르신을 향한 것이면서, 동시에 그 관계를 품고 있는 나 자신을 향한 물음입니다. 미처 꺼내지 못한 말 한마디, 그날 차마 묻지 못했던 마음, 그리고 놓쳐버린 어느 순간까지— 함께 떠오르는 물음입니다.

이 장은 관계의 끝을 피하지 않고 마주하는 법, 남겨진 마음을 무겁게만 안고 가지 않기 위한 정리의 기술을 이야기합니다. 그리고 돌봄이 끝난 후에도 머무는 감정을 어떻게 돌보고, 다시 '다음 관계'로 이어갈 수 있을지를 함께 나눕니다.

이별은 끝이 아니라, 다음 만남을 위한 조용한 숨 고르기일지도 모릅니다.

사례 1. 그날 오전, 평소처럼 뵈었는데
이별은 예고 없이, 일정표보다 먼저 온다

79세 ○○○ 어르신은 조용하고 담담한 분이었다. 당뇨와 고혈압을 꾸준히 관리하면서 혼자 지내는 데 무리가 없었고, 일상도 규칙적이었다.

그날 수요일, 나는 평소처럼 방문 일정표에 적힌 시간에 맞춰 어르신 댁을 찾았다.

"어르신, 안녕하세요. 잘 지내셨어요?"
"아, 왔어요? 다 좋아요. 어제 검사도 받고 왔는데 괜찮다고 하더라고요."

어르신은 평소처럼 차를 내주셨고, 나는 약 복용 여부와 식사 상태, 어지럼증 같은 이상 증상은 없는지 대화를 통해 조용히 확인했다. 냉장고에는 며칠 전 딸이 들러 두고 간 반찬이 정리되어 있었고, 집 안은 평소처럼 단정했다.

"요즘 잠은 잘 주무세요?"
"응, 아직은 괜찮아요. 나이 들면 잠이 준다는데, 나는 그래도 잘 자요."

그날 방문 기록을 작성하며 '평소와 비슷함', '건강상태 안정적'이라고 적어두었다. 특별한 이상 징후 없이, 여느 때와 같은 30분이었다. '검사 결과도 괜찮았다'는 말에 나 역시 마음을 조금 내려놓고 다음 일정으로 향했다.

그로부터 이틀 뒤, 금요일 오후였다. 기관 전화로 급하게 연락이 왔다.

"○○○ 어르신 따님이 신고하셨어요. 어르신이 집에서 쓰러지셨다고 합니다."

퇴근길에 들른 딸이 화장실 문 앞에서 쓰러진 어르신을 발견했다고 했다. 바로 119로 이송되었고, 병원에서 들은 진단은 뇌출혈이었다.

"불과 이틀 전까지 멀쩡하셨는데… 이렇게 갑자기 쓰러지실 줄은 몰랐어요."

딸의 목소리는 충격과 안타까움, 슬픔이 뒤섞여 있었다. 나는 딸과의 통화내용을 전담복지사에게 보고했고, 함께 향후 절차를 논의했다. 입원이 확정되면서 행정적으로는 노인맞춤돌봄서비스가 '입원 중지'로 전환되었다.

돌봄제공자의 방문은 그 시점에서 멈추지만, 통합돌봄의 흐름은 그 자리에서 끊어지지 않는다. 전담복지사는 의료진이나 의료사회복지사와 연락하여 가족 지원 현황을 확인했고, 입원 기간 동안 필요한 복지 자원, 퇴원 후 돌봄 계획, 주거환경 점검 필요 여부 등을 논의하며 어르신의 '지역사회 복귀 가능성'을 기준으로 다음 단계를 차근히 준비했다.

한 달 뒤, 어르신은 의식은 회복하셨지만 거동이 어려워져 요양병원으로 전원되었다. 행정상으로는 서비스 종료가 맞다. 그러나 돌봄의 시간은 서류에서 끝나지 않는다.

나는 개인적으로 병원을 찾았다. 어르신은 처음엔 나를 잘 알아보지 못하셨지만, 내 이름을 천천히 반복해서 들려드리자 이내 희미한 미소를 지으셨다.

내가 붙잡으려 했던 건 '사전에 알아채지 못한 것'에 대한 후회가 아니라, 그 시간에 진심으로 함께했던 흔적이었다.

우리가 만난 모든 순간은, 이별 이후에도 어르신 곁에 조용히 남아 있다.

그날 이후 나는 방문할 때마다 조금 더 천천히, 조금 더 깊게 어르신을 바라보려 한다. "별일 없어요."라는 말 뒤에 말하지 못한 불안이나 피곤함, 그리고 '괜찮아 보이고 싶은 마음'이 숨어 있을 수 있음을 늘 잊지 않기 위해서다.

예고 없이 찾아오는 이별 앞에서 내가 할 수 있는 일은 지금 이 순간, 눈앞의 어르신과 더 깊이 함께하는 일이라는 것을 그분이 내게 남겨주신 '마지막 가르침'으로 받아들인다.

돌봄의 감각

이 사례는 갑작스러운 건강 악화로 행정적으로 종결된 경험을 다룹니다.중요한 점은 제도상 종결이 곧 돌봄의 단절을 의미하지 않는다는 것입니다. 어르신의 돌봄은 요양병원과 가족, 의료진, 그리고 지역사회의 자원으로 자연스럽게 이어졌습니다.

돌봄제공자의 역할은 모든 위험을 미리 막는 것이 아니라, 평범한 순간일지라도 마지막일 수 있다는 감각으로 진심을 다하는 일입니다. 행정 절차는 멈춰도, 돌봄의 의미는 관계와 온기를 통해 다른 방식으로 이어집니다.

포인트 박스

· 돌봄은 언제든 상황이 달라질 수 있음을 인정하는데서 시작됩니다.
· 제도적 종결은 관계의 단절을 의미하지 않습니다.
· 통합돌봄에서는 돌봄이 다른 주체와 자원으로 이어집니다.

마음에 남은 한 줄

"제도는 멈춰도, 돌봄은 다른 방식으로 이어집니다."

돌봄현장 실전 팁

"예고 없는 종결 상황에서, 돌봄제공자는 어떻게 감정과 역할을 정리할 수 있을까요?"

1. 평범한 날도 소중히 바라보기

· 이유: 건강의 악화는 대부분 예고 없이 찾아옵니다.
· 방법: '별일 없다'는 말에만 기대지 말고, 표정·기운·움직임을 함께 살핍니다.

2. 마지막일 수 있다는 감각으로 대하기

· 이유: 매 만남은 마지막일 수도 있다는 것이 돌봄의 현실입니다.
· 방법: 인사, 눈맞춤, 작은 대화에 마음을 조용히 얹습니다.

3. 행정적 종료와 관계의 연속성 구분하기

· 이유: 서비스는 멈춰도 관계의 흔적은 남습니다.
· 방법: 제도적 절차는 정리하되, 마음속에서는 연결을 기억합니다.

4. 자책보다 배움으로 전환하기

· 이유: 예측 불가능한 상황을 '실패'로 받아들이면 소진됩니다.
· 방법: 돌봄의 본질을 배우는 계기로 받아들입니다.

주의할 점

· '별일 없다'는 말에만 의존하지 말고, 작은 변화를 세심히 살핍니다.
· 종결을 관계의 끝이 아닌, 또 다른 연결의 형태로 바라봅니다.
· 예고 없는 상황 앞에서도, 그 경험을 돌봄의 배움으로 받아들입니다.

사례 2. "다음 주에 다시 뵐게요"

말은 그렇게 했지만, 그것이 마지막이었다

84세 ○○○ 어르신은 폐렴 이후 기력이 약해졌지만, 늘 내게 "여기 앉아요. 햇볕이 잘 들어요."라며 따뜻하게 맞이해주시던 분이었다. 몸은 힘들어도 늘 나를 위한 자리를 비워두셨다. 그 배려 속에 어르신의 삶의 리듬이 있었다.

하지만 최근 들어 숨이 차고 입술이 푸르게 질리는 날이 잦았다. 대화 중에도 호흡을 가다듬는 시간이 길어졌다. 나는 최근 나타난 청색증, 호흡 곤란, 잦은 피로감 등 변화를 아들에게 먼저 알리고, 앱에도 그대로 기록해 두었다.

며칠 후, 아들이 병원에 모시고 갔다는 소식을 들었다. 그동안도 몇 차례 입원 후 회복하셨기에, 이번에도 금세 돌아오시리라 생각했다.

마지막 방문 날, 어르신은 평소보다 훨씬 힘들어 보이셨다. 그럼에도 여전히 내 자리를 만들어주셨다.

"어르신, 병원에 다녀오시면 다시 뵐게요."
"그래요. 또 만나요."

그 인사가 마지막이 될 줄은 몰랐다. 그 주 금요일, 아들로부터 어르신의 부고를 들었다. 폐렴이 악화되어 돌아가셨다는 소식이었다.

"제대로 작별 인사를 드리지 못했구나." 그 아쉬움은 한동안 마음에 머물렀다.

시간이 지나며 비로소 알게 되었다. 작별은 특별한 인사가 있어야만 완성되는 것이 아니라는 것을. 마음에 남아있는 온기를 조용히 바라볼 수 있을 때, 다음 관계를 향한 문도 더 부드럽게 열린다는 것을.

돌봄의 감각

이 사례는 "다음에 뵙겠다"는 인사가 마지막이 되어버린, 예고 없는 작별이 남기는 정서적 여운을 보여줍니다. 돌봄은 단순한 업무가 아니라 마음의 교류이기에, 작별 또한 돌봄의 일부입니다.

감정을 억누르기보다 정리하는 과정 자체가 돌봄의 기술이며, 그 감정이 다음 어르신에게 전해질 새로운 온기가 됩니다.

포인트 박스

· 돌봄제공자도 작별을 겪습니다.
· 감정은 업무의 부산물이 아니라 사람 사이의 흔적입니다.
· 작별을 두려워하지 않고, 온전히 마주해야 다음 관계로 나아갈 수 있습니다.

마음에 남은 한 줄

"돌봄이 끝났다고, 마음까지 끝나는 건 아니었습니다."

돌봄현장 실전 팁

"돌봄 관계가 끝난 뒤, 돌봄제공자는 어떻게 마음을 정리할 수 있을까요?"

1. 작별을 피하지 않기

- 이유: '관계의 끝을 인식할 때 감정이 정돈됩니다.
- 방법: 마지막일 수 있음을 인정하며 균형을 유지합니다.

2. 나만의 방식으로 정리하기

- 이유: 인사 없이 끝난 관계는 마음에 남습니다.
- 방법: 짧은 메모, 마음속 인사 등 개인적 작별 루틴을 만듭니다.

3. 공백을 의미 있게 받아들이기

- 이유: 일정표에 생긴 공백은 부재가 아니라, 잠시 머물며 다음을 준비하는 시간입니다.
- 방법: 공백을 잠시 멈춤의 과정으로 바라보고, 감정을 정리하며 다음 일정을 차분히 준비합니다.

4. 감정 정리에 시간을 들이기

- 이유: 감정 회복은 다음 돌봄의 힘이 됩니다.
- 방법: 산책, 차 한 잔 등으로 내면의 여백을 갖습니다.

5. 감정을 억누르지 않고 바라보기

- 이유: 억압된 감정은 쌓여 무거워집니다.
- 방법: 느끼되 오래 머물지 않고, 조용히 접어둡니다.

주의할 점

- 돌봄의 부재를 일정의 끝이 아니라, 마음을 정돈하고 배움을 남기는 시간으로 바라봅니다.
- 보호자와의 관계에서는 감정보다 존중의 태도를 유지하며, 마지막 순간일수록 언행에 신중합니다.
- 다음 관계로 서두르기보다, 잠시 멈춰 감정을 돌아보며 새로운 돌봄을 준비합니다.

사례 3. 달라진 일상, 이어지는 돌봄
삶의 변화에 맞춘 새로운 연결

83세 ○○○ 어르신은 이웃과 음식을 나누며 살아온 인심 좋은 분이었다.

"이거라도 가져가요. 혼자 먹기엔 많아서."

하지만 그 말 속엔 누군가를 기다리는 외로움이 숨어 있었다. 2년 동안 어르신은 일주일에 한 번 있는 내 방문을 손꼽아 기다리셨다.

그런데 6개월 전, 딸과 손자가 함께 살게 되었다. 서비스는 자연스럽게 조정 단계로 접어들었다. 기쁜 변화였지만, 그만큼 아쉬움도 남았다.

가족이 함께 살게 되었다고 해서 외로움이 완전히 사라지는 것은 아니었다. 딸과 손자가 일터와 학교에 나가 있는 시간만큼은 여전히 혼자 지내야 했고, 어르신의 일상 속 작은 고요와 빈자리들은 계속 존재했다.

"선생님 오는 날만 기다렸는데… 이제 조금 허전하겠어요."

그 말에서 돌봄이 단순한 '서비스'가 아니라 서로를 기다리는 관계였음을 느꼈다.

방문이 종료된 뒤에도 복지관 프로그램과 가족 상담으로 돌봄은 이어졌다. 지역의 여러 자원이 어르신 곁을 채웠다. 그렇게 시간이 흘렀다. 3개월 뒤 복지관에서 어르신을 다시 만났을 때, 손에 화초를 들고 웃으며 말씀하셨다.

“요즘은 혼자 있는 시간이 줄었어요. 복지관도 다니고, 가족이 옆에 있으니 훨씬 마음이 편해요.”

그 미소에서 알 수 있었다. 돌봄은 끝난 것이 아니라, 어르신의 달라진 일상에 맞춰 다른 흐름으로 이어지고 있었다. 그리고 그 흐름 속에서, 나의 역할도 조용히 자리를 옮기고 있었다. 돌봄은 길게 붙잡는 일이 아니라, 필요한 순간에 곁을 내어주고 다시 그분의 삶으로 돌려보내는 일— 어르신은 그것을 조용히 가르쳐 주셨다.

돌봄의 감각

이 사례는 돌봄이 멈추는 것이 아니라, 어르신의 삶의 흐름에 맞춰 방향을 바꾸는 과정을 보여줍니다. 가족이 함께 살게 되면서 기존의 방문은 종료되었지만, 돌봄은 복지관과 지역 프로그램을 통해 자연스럽게 이어졌습니다.

중요한 것은 제도가 아니라, 삶의 리듬에 맞춘 유연한 연결입니다. 돌봄제공자는 ‘끝남’이 아니라 ‘이어짐’을 바라보며, 관계가 다른 모습으로 지속될 수 있도록 감정의 여백을 남겨야 합니다.

포인트 박스

· 한 방식이 멈춰도 돌봄은 삶의 변화에 맞춰 이어집니다.

· 돌봄제공자는 끝남보다 연결의 가능성을 바라봅니다.
· 통합돌봄은 제도가 아닌, 삶을 따라 흐르는 관계입니다.

마음에 남은 한 줄

"돌봄은 제도의 울타리에서 멈추지 않고, 삶을 따라 다른 모습으로 이어집니다."

돌봄현장 실전 팁

"돌봄이 전환될 때, 어떻게 마음을 담아 안내할 수 있을까요?"

1. 끝이 아닌 이어짐을 전하기

· 이유: '종료'라는 표현은 상실로 들릴 수 있습니다.
· 방법: "이제 다른 방식으로 돌봄이 이어질 거예요." 같은 문장으로 안내합니다.

2. 마지막 인사에 진심 담기

· 이유: 진심 어린 인사는 관계의 기억으로 오래 남습니다.
· 방법: 함께한 시간에 감사와 존중을 담아 조용히 인사합니다.

3. 돌봄제공자의 감정 돌보기

· 이유: 관계의 전환은 제공자에게도 허전함을 남깁니다.
· 방법: 감정을 억누르지 말고, 다음 만남의 에너지로 천천히 전환합니다.

주의할 점

- 돌봄의 변화를 지원의 단절이 아닌, 새로운 이어짐의 과정으로 이해합니다.
- 종결 이후에도 관계의 온기를 기억하며, 마주칠 때 따뜻한 인사를 나눕니다.
- 형식보다 마음을 잇는 작은 연속성을 더 소중히 합니다.

12장 마무리

작별의 순간마다 남겨진 마음은 결코 가볍지 않습니다. 그러나 우리는 그 마음을 억누르지 않고, 각자의 방식으로 차분히 다루며 다음 걸음을 내딛습니다.

누군가는 일정표에 새로 적힌 이름으로 하루를 다시 시작하고, 누군가는 동료와의 짧은 대화 속에서 마음을 덜어냅니다. 또 누군가는 떠오른 얼굴을 잠시 마음에 머물게 한 뒤, 오늘의 인사를 더 따뜻하게 건넵니다.

이별은 감정을 지우는 훈련이 아니라, 남은 마음을 잘 간직하는 과정입니다. 그렇게 품은 마음은 사라지지 않고, 다음 만남 속에서 더 조심스러운 온기로 되살아납니다.

돌봄은 한 사람의 끝을 지켜보는 일이 아니라, 그 끝에서 배운 마음을 또 다른 만남으로 건네는 일입니다. 그렇게 이어지는 하루하루 속에서, 우리는 오늘도 누군가의 곁에 조용히 서 있습니다.

맺음말

돌봄의 자리에 서면 세상은 다른 속도로 흘렀습니다.

어르신들은 말없이 가르쳐주었습니다. 느린 걸음도 괜찮다고, 기다림이 사랑이 될 수 있다고, 손을 맞잡는 것만으로도 사람은 혼자가 아니라고.

헤어짐은 언제나 갑작스러웠습니다. 준비했다고 믿었지만 매번 마음 한켠이 조용히 아려왔습니다.

그럼에도, 그 경험은 나를 단단하게 만들었습니다. 그곳에 머물던 온기가 다시 누군가의 손을 잡을 용기가 되었습니다.

돌봄은 결국 한 사람이 다른 사람의 삶에 들어가 함께 숨 쉬는 일이었습니다. 그 시간 속에서 나 또한 돌봄 받고 있음을 늦게서야 알게 되었습니다.

이제 이 책을 덮는 당신께 작은 바람을 남깁니다.

오늘, 누군가의 느린 걸음을 기다려주세요. 작은 한숨에 귀 기울여주세요. 당신의 손이 닿는 곳에 외로움이 머물러 있다면 그 곁에 잠시 함께 머물러주세요. 그런 순간들이 모여 우리는 서로를 지켜냅니다.

당신의 하루에도 따뜻한 마음 하나가 고요히 머물기를 바랍니다.

갈

제　　목 : 통합돌봄 실천 사례집 **지금, 곁에 있습니다**
지 은 이 : 이수
편 집 인 : 세종시사회복지사협회장
발 행 인 : 성정화
출 판 사 : 도서출판 이화
발 행 일 : 2025년 12월 10일
I S B N : 978-89-6439-211-9
가　　격 : 18,000원